OEUVRES

DE

H. DE BALZAC.

Par H. de Balzac.

UN GRAND HOMME DE PROVINCE. ⎫
BERTHE LA REPENTIE. ... ⎬ 3 vol. in-8.   22 50
LE CABINET DES ANTIQUES, 2 vol. in-8°. . 15 »
CONTES DROLATIQUES, 3 vol. in-8°. : . . 22 50
LE PÈRE GORIOT, 4 vol. in-12. . . . . . 12 »
QUATRE NOUVELLES, 2 in-12. . . . . . 4 »
ROMANS, CONTES ET NOUVELLES (*Études philosophiques*), 15 vol. in-12. . . . . . 45 »

Nota. La 4e livraison formant 5 volumes in-12 est sous presse.

Sous Presse.

SOEUR MARIE-DES-ANGES, 2 vol. in-8.
LE CURÉ DE VILLAGE. 2 vol. in-8.

SOUS LE PSEUDONYME DE SAINT-AUBIN.

L'ISRAÉLITE, 2 vol. in-8.
DOM GIGADAS, 2 vol. in-8.

ROMANS DU COEUR, par H. de Balzac, Léon Golzan, Alphonse Karr, Théophile Gautier, Charles Lassailly, 2 beaux vol. in-8.

FONTAINEBLEAU, Imp. E. JACQUIN.

UNE

FILLE D'ÈVE

SCÈNE DE LA VIE PRIVÉE.

PAR

H. DE BALZAC.

I

PARIS,
HIPPOLYTE SOUVERAIN, ÉDITEUR
de H. DE BALZAC, F. SOULIÉ, J. LECOMTE, A. BROT, etc.
RUE DES BEAUX-ARTS, 5.

1839.

PRÉFACE.

———

Les Scènes de la vie privée eussent été moins complètes sans l'ouvrage principal de la présente publication, *Une Fille d'Ève*. Ce croquis fut annoncé jadis par la *Revue de Paris*, mais dans la quinzaine, ce titre, qui d'ailleurs appartient à un charmant conte de Du Cerceau, apparut sur l'affiche du théâtre des Variétés, ce qui détourna l'auteur de poursuivre son œuvre.

Une Fille d'Ève est destinée à peindre une situation dans laquelle se trouvent quelques femmes poussées vers une passion illicite par une foule de circonstances plus ou moins atténuantes, mais qui, ne se voyant pas trop gravement compromises, sont assez sages pour revenir à la vie conjugale. Les malheurs de la passion leur ont appris les douceurs d'un heureux ménage.

Quand l'auteur publia cette œuvre dans un journal, beaucoup de lecteurs s'attendaient à des catastrophes émouvantes, à des pages dramatiques, comme on dit, et le dénoûment vrai, quoique brusque, fit paraître cette scène innocente, et partant un peu fade. Comment l'auteur pouvait-il exiger que le public de nos jours, si distrait, si peu soucieux de littérature, fît attention au titre de *Scène de la Vie Privée,* qui ne permet aucune des violences ou des condimens épicés que souffre une *Scène de la Vie Parisienne*. Dans le plan adopté par l'auteur, les *Scènes de la Vie Privée* étant destinées à représenter cette phase de la vie humaine qui comprend les émotions de l'Enfance, celles de la Jeunesse, leurs premières fautes, les débuts dans le monde social, ne doivent offrir la peinture d'aucun vice enraciné, d'aucune vieille passion ; mais les commencemens de toutes les existences, leurs erreurs qui proviennent moins d'un système que d'un désir dont l'entraînement n'est pas calculé, et causées enfin par l'inexpérience de la vie. L'auteur compte dans son œuvre assez de ces dénoûmens en harmonie avec les lois de la poétique du roman, pour se permettre de suivre, çà et là, ceux de la nature sociale, où tout paraît se nouer fortement et où tout finit par s'arranger assez bourgeoisement, souvent sans le moindre éclat.

Il n'a donc pas voulu déserter ici les principes qu'il avait adoptés déjà dans les *Scènes de la Vie Privée*, et qui peut-être ont contribué pour beaucoup à l'accueil qu'elles ont reçu.

Plus tard, les différences de ton, de nuance, de couleur et de dessin, qui distingueront les six parties de cette œuvre, seront peut-être senties, appréciées; et les contrastes qui en résulteront ne seront sans doute pas sans effet. Jusqu'au jour où cette longue histoire des mœurs modernes mises en action sera finie, l'auteur est forcé de recevoir sans mot dire les critiques étourdies qui s'obstinent à juger isolément des parties d'œuvre destinées à s'adapter à un tout, à devenir autre chose par la superposition, par l'addition ou le voisinage d'un fragment encore sur le chantier. Il y a mieux, quelques critiques, pleins de bienveillance et à qui le plan général n'était pas connu, trouvaient dans les *Scènes de la Vie Privée* certaines parties un peu trop vives, elles ne songeaient pas à la nécessité qui oblige l'auteur à disposer dès cette portion quelques figures qui doivent grandir et seraient fausses plus tard, si au début elles ne se montraient pas avec leur véritable caractère.

Il existera néanmoins un défaut dans cette œuvre volumineuse, défaut sans remède, auquel le public devra s'habituer. Maintenant, il est possible d'évaluer la contexture des *Études de mœurs au dix-neuvième siècle*. Ce livre contiendra plus de cent œuvres distinctes, les *Mille et une Nuits* ne sont pas si considérables; mais aussi notre civilisation est-elle immense de détails, tandis que la société n'existait pas dans l'Orient que nous racontent les fabulations arabes, l'œuvre de tout un monde. La femme n'y paraît que par accidens, elle est renfermée; la maison est mûrée; il n'y a que le bazar et le palais du Calife où puisse pénétrer le voyageur. L'homme de l'Orient ne recevait l'étranger que dans un appartement spécial. Ces usages ont dominé la vie privée jusqu'à Jésus-Christ dont la religion a créé d'autres mœurs. Aussi faut-il au conteur arabe des talismans, des hasards étranges pour créer l'intérêt. Tout leur merveilleux est inspiré par la réclusion des femmes. Chez nous, autrefois, le roman rencontrait aussi des élémens fort simples et peu nombreux. Le seul roman possible dans le passé, Walter-Scott l'a épuisé.

C'est la lutte du serf ou de la bourgeoisie contre la noblesse, de la noblesse contre le clergé ; de la noblesse et du clergé contre la royauté. Pour arriver à ses grands effets, il lui a fallu les rois, les reines et les grands, leurs points de cohérence avec les faibles. Autrefois tout était simplifié par les institutions monarchiques ; les caractères étaient tranchés : un bourgeois, marchand ou artisan, un noble entièrement libre, un paysan esclave, voilà l'ancienne société de l'Europe ; elle prêtait peu aux incidens du roman. Aussi voyez ce que fut le roman jusqu'au règne de Louis xv ? Aujourd'hui, l'Egalité produit en France des nuances infinies. Jadis, la caste donnait à chacun une physionomie qui dominait l'individu ; aujourd'hui, l'individu ne tient sa physionomie que de lui-même. Les sociétés n'ont plus rien de pittoresque : il n'y a plus ni costumes, ni bannières; il n'y a plus rien à conquérir, le champ social est à tous. Il n'y a plus d'originalité que dans les professions, de comique que dans les habitudes. La forme, faisant défaut, il a fallu que la littérature se jetât dans la peinture de l'idée, et cherchât les émotions les plus délicates du cœur humain. Voilà pourquoi l'auteur a choisi pour sujet de son œuvre la société française : elle seule offre esprit et spontanéité dans les situations normales où chacun peut retrouver sa pensée et sa nature. Cette fécondité n'existe pas en Angleterre, seul pays où les doctrines modernes soient en vigueur comme en France. En Angleterre, la société courbe la tête sous des usages qui ôtent de la grace et du laissez-aller au cœur, elle est sous l'empire du devoir. L'Italie n'a pas sa liberté, son seul roman possible a été fait et admirablement, c'est la *Chartreuse de Parme*. En Allemagne, où les vieilles conventions luttent sourdement contre les nouvelles, tout est encore sans caractère, et brouillé comme sont les matières en fusion. En Russie, le pouvoir autocratique comprime les mœurs, il n'y a là qu'une nature, celle des riches, elle comporte peu d'oppositions. L'Espagne, se débat plus visiblement que l'Allemagne entre deux systèmes opposés; aussi est-ce le seul pays à romans. L'auteur ne sait encore aucun observateur qui ait remarqué combien les mœurs françaises sont, littérairement parlant, au-dessus de celles des autres pays comme variété de types, comme drame, comme esprit, comme mouvement: tout s'y dit, tout s'y pense, tout s'y fait. L'auteur ici ne juge pas, il ne donne pas le secret de sa pensée politique, entièrement contraire à celle du plus grand nombre en France; mais à laquelle on arrivera peut-être avant peu. Le temps n'est pas loin où la duperie coûteuse du gouvernement constitutionnel sera reconnue. Il est historien, voilà tout. Il s'applaudit de la grandeur, de la variété, de la beauté, de la fécondité de son sujet, quelque déplorable que le fasse, socialement parlant, la confusion des faits les plus opposés, l'abondance des matériaux, l'impétuosité des mouvemens. Ce désordre est une source de beautés. Ainsi, n'est-ce pas par gloriole nationale ni par patriotisme qu'il a choisi les mœurs de son pays, mais parce que son pays offrait, le premier de tous, l'Homme social sous des aspects plus multipliés que partout ailleurs. La France est peut-être la seule qui ne soupçonne pas la grandeur de son rôle, la magnificence de son époque, la variété de ses contrastes.

Ainsi donc cette longue histoire, où le public est le sultan, où l'auteur ressemble à Schéreazade redoutant chaque soir, non pas de se voir trancher la tête ; mais, ce qui est pis, de se voir remercié comme radoteur, aura malheureusement aux yeux de certaines gens logiques un vice capital. Peut-être ce vice passera-t-il plus tard pour une beauté. Ce vice, le voici.

Vous trouverez, par exemple, l'actrice Florine peinte au milieu de sa vie, dans *Une Fille d'Ève*, Scène de la Vie Privée, et vous la verrez à son début dans *Illusions perdues*, Scène de la Vie de Province. Ici l'énorme figure de de Marsay se produit en premier ministre, et dans *le Contrat de mariage*, il est à ses commencemens; plus loin, dans les Scènes de la Vie de Province ou Parisienne, il comparaît à dix-huit ou à trente ans, le dandy le plus futile, le plus inoccupé qui puisse s'amuser à faire de vieilles bottes sur le boulevart des Italiens, ou de vieux fers en courant à cheval au Bois. Dans la *Fille d'Ève* se rencontrent des personnages comme Félix de Vandenesse et lady Dudley, dont la situation serait éminemment dramatique et remplie de comique social, si leur histoire était connue, et vous ne la lirez que dans la dernière partie de l'œuvre, dans le *Lys dans la vallée*, qui appartient aux Scènes de la Vie de Campagne. Enfin, vous aurez le milieu d'une vie avant son commencement, le commencement après sa fin, l'histoire de la mort avant celle de la naissance.

D'abord, il en est ainsi dans le monde social. Vous rencontrez au milieu d'un salon un homme que vous avez perdu de vue depuis dix ans : il est premier ministre ou capitaliste, vous l'avez connu sans redingote, sans esprit public ou privé, vous l'admirez dans sa gloire, vous vous étonnez de sa fortune ou de ses talens; puis vous allez dans un coin du salon, et là, quelque délicieux conteur de société vous fait en une demi-heure l'histoire pittoresque des dix ou vingt ans que vous ignoriez. Souvent cette histoire scandaleuse ou honorable, belle ou laide, vous sera-t-elle dite, le lendemain ou un mois après, quelquefois par parties. Il n'y a rien qui soit d'un seul bloc dans ce monde, tout y est mosaïque. Vous ne pouvez raconter chronologiquement que l'histoire du temps passé, système inapplicable à un présent qui marche. L'auteur a devant lui pour modèle, le Dix-neuvième Siècle, modèle extrêmement remuant et difficile à faire tenir en place. L'auteur attend 1840 pour vous finir des aventures dont le dénoûment a besoin de trois années de vieillesse. La littérature n'a pas pour fabriquer le temps, le secret des restaurateurs qui soufflent la poussière de caves fantastiques sur de jeunes bouteilles de vin de Bordeaux ou de vin d'Espagne. Aussi, l'éditeur de ce livre, disait-il assez spirituellement, que, plus tard, on ferait aux *Études de mœurs* une table de matières biographiques, où l'on aiderait le lecteur à se retrouver dans cet immense labyrinthe au moyen d'articles ainsi conçus.

Rastignac, (Eugène Louis,) fils aîné du baron et de la baronne de Rastignac, né à Rastignac, département de la Charente, en 1799; vient à Paris en 1819, faire son droit, habite la maison Vauquer, y connaît Jacques Collin, dit Vautrin, et s'y lie avec Horace Bianchon, le célèbre médecin. Il aime madame Delphine de Nucingen, au moment où elle est abandonnée par de Marsay, fille d'un sieur Goriot, ancien marchand vermicellier, dont Rastignac paye l'enterrement. Il est un des lions du grand monde (*voy. tom.* IV *de l'œuvre*); il se lie avec tous les jeunes gens de son époque, avec de Marsay, Baudenord, d'Esgrignon, Lucien de Rubempré, Émile Blondet, du Tillet, Nathan, Paul de Manerville, Bixiou. etc. L'histoire de sa fortune se trouve dans la

Maison Nucingen, il reparaît dans presque toutes les scènes, dans le *Cabinet des Antiques,* dans *l'Interdiction.* Il marie ses deux sœurs, l'une à Martial de la Roche-Hugon, dandy du temps de l'empire, un des personnages de la *Paix du Ménage,* l'autre à un ministre. Son plus jeune frère, Gabriel de Rastignac, secrétaire de l'évêque de Limoges dans le *Curé de Village,* dont l'action a lieu en 1828, est nommé évêque en 1832 (voir la *Fille d'Ève.*) Quoique d'une vieille famille, il accepte une place de sous-secrétaire-d'état dans le ministère de de Marsay, après 1830 (voir *les Scènes de la Vie Politique*), etc.

Nous ne continuerons pas cette plaisanterie

destinée à faire ressortir les inconvéniens que l'auteur a la bonne foi de signaler lui-même, et qui peut-être paraîtront de profondes combinaisons quand cette *Histoire des Mœurs* aura des commentateurs, si toutefois elle peut trouver des lecteurs à l'époque difficile à prévoir où le français d'aujourd'hui aura besoin d'être commenté, ce que nous ne souhaitons pas. Pour le moment, les beautés sont en question et les inconvéniens sont réels, ou du moins ils le seront jusqu'au moment où l'auteur aura la jouissance de voir reparaître les trois premières séries avec tous leurs développemens, ce qui, selon quelques libraires audacieux, ne tardera pas. Sous peu de jours, l'auteur aura publié *Béatrix ou les Amours Forcés* qui avanceront beaucoup les *Scènes de la Vie Privée*, où ces deux œuvres doivent prendre place.

D'ailleurs pourquoi l'auteur n'avouerait-il pas sa prétention de faire une œuvre digne d'être relue et qui offre de tels attraits à ceux qui voudront la pénétrer, que cette seconde lecture devienne pour lui l'occasion d'une victoire remportée sur l'indifférence de son époque en matière de haute et grave littérature ? N'y a-t-il pas un peu de modestie à demander ce triomphe à des combinaisons habiles, à un vaste imbroglio semblable à celui qui se noue à nos yeux, tous les jours, dans la grande comédie de ce siècle ?

L'auteur s'est entendu souvent reprocher

quelques descriptions; mais ses critiques ne songent pas que ce prétendu défaut procède d'une excessive ambition : il veut peindre le pays tout en peignant les hommes, raconter les plus beaux sites et les principales villes de la France aux étrangers, constater l'état des constructions anciennes et modernes au dix-neuvième siècle, expliquer les trois systèmes différens qui ont en cinquante ans donné une physionomie spéciale aux meubles, aux habitations. Grace au soin qu'il a eu, peut-être, saura-t-on en 1850 comment était le Paris de l'empire. Par lui, les archéologues apprendront la situation du tourniquet Saint-Jean et l'état du quartier adjacent, aujourd'hui complétement démoli. Il y a dans son histoire la peinture archéologique de maisons qui existaient dans Paris et auxquelles on ne voudrait pas croire en 1850, s'il ne les dépeignait pas d'après nature. Il en sera de même pour quelques coins de province, pour quelques détails de la Vie Militaire, pour des figures historiques immenses dont l'histoire ne tiendra jamais compte. Le plaisir que prennent, à ces peintures locales, plusieurs étrangers illustres lesquels ont prié l'auteur de songer à ceux pour qui la France est le pays des rêves, et qui aiment à en connaître les lieux, les êtres ou les choses, l'a fait persister avec courage et tenacité dans la voie où il est entré. Il a pensé qu'une des gloires de la France, est de remuer l'Europe par la plume comme elle l'a remuée par l'épée. Enfin les accessoires de l'existence n'en sont-ils pas souvent le principal aux yeux des siècles suivans? Nos archéologues commettent les plus lourdes fautes en attribuant à des meubles du moyen-âge ou de la société romaine des usages étrangers. Quel prix n'a pas à nos yeux la satyre de Pétrone, qui n'est après tout qu'une Scène de la Vie privée des Romains? Combien de livres ne faut-il pas avoir dévoré pour acquérir la certitude de l'emploi terrible que faisaient les dames romaines des longues aiguilles d'or avec lesquelles elles ornaient leurs cheveux! Quel trésor pour nous si quelque auteur romain avait eu le courage d'encourir les critiques qui l'eussent sans doute blâmé de raconter la vie Romaine aux Romains, en faisant des Études de Mœurs sur le premier siècle de l'ère chrétienne, entre le règne de César et celui de Néron, et nous racontant les mille détails, les existences typiques et grandioses de ce vaste empire. Aussi l'affaire de l'auteur est-elle principalement d'arriver à la synthèse par l'analyse, de dépeindre et de rassembler les élémens de notre vie, de poser des thèmes et de les prouver tout ensemble, de tracer enfin l'immense physionomie d'un siècle en en peignant les principaux personnages. Il recueille lentement, mais il recueille des approbations d'hommes spéciaux, qui tous ont trouvé leur science satisfaite en lisant telle ou telle œuvre. Long-temps l'auteur a cru faire de l'art et de la science en pure perte, pour sa satisfaction personnelle; mais chaque jour il revient de son erreur, en apprenant qu'il n'est pas de travail consciencieux qui ne reçoive tôt ou tard sa récompense. Tantôt un grand et illustre médecin lui dira combien il a été frappé du soin avec lequel il construit le physique médical de ses personnages, en ne donnant pas à un homme blond, comme font tant d'autres auteurs, les passions et les idées, les mœurs ou l'idiosyncrasie qui conviennent à un homme brun; en ne dotant pas de fortes épaules et d'un buste cyclopéen un homme faible, en ne présentant pas comme un homme fort un personnage à poitrine fluette, à mains blanches et froides. Tantôt un savant reconnaît une étude sérieuse des questions les plus graves.

Le public ignore à quels travaux de conception un auteur s'engage en poursuivant le vrai dans toutes ses conséquences, et combien d'observations lentement acquises il faut enterrer dans des épithètes, en apparence indifférentes, mais destinées à surprendre un homme sur mille. Il est telle phrase de tel portrait, de *la Torpille* par exemple, qui a pu coûter une nuit de travail, la lecture de plusieurs volumes et qui pose peut-être de grandes questions scientifiques. Croyez-vous qu'il n'en ait pas été ainsi pour cette page ?

« Il n'y a que les races venues des déserts
» qui possèdent dans l'œil le pouvoir de la
» fascination. Leurs yeux retiennent sans

» doute quelque chose de l'infini qu'ils ont
» contemplé. La nature, dans sa prévoyance,
» a-t-elle donc armé leurs retines de quelque
» talent réflecteur pour leur permettre de sentir
» le mirage des sables, les torrens du soleil, et
» l'ardent cobalt de l'Éther? Ou les êtres
» humains prennent-ils comme les autres,
» quelque chose aux milieux dans lesquels
» ils se développent, et gardent-ils, pendant
» des siècles, les qualités qu'ils en tirent? Cette
» grande solution du problème des races est
» peut-être dans la question elle-même. Les
» instincts, sont des faits vivans dont la
» cause git dans une nécessité subie : les va-
» riétés animales sont le résultat de l'exercice
» de ces instincts. Pour se convaincre de

» cette vérité si fort cherchée, il suffit d'éten-
» dre aux troupeaux d'hommes, l'observation
» récemment faite sur les troupeaux de mou-
» tons espagnols et anglais, qui, dans les
» prairies de plaines, où l'herbe abonde,
» paissent serrés les uns contre les autres et se
» dispersent sur les montagnes où l'herbe est
» rare. Arrachez à leurs pays, ces deux es-
« pèces de moutons, transportez-les en Suisse,
» en France, le mouton de montagne y paîtra
» séparé dans une prairie basse et touffue, et
» les moutons de plaine y paîtront l'un contre
» l'autre, quoique sur une Alpe. Plusieurs gé-
» nérations s'écoulent avant de réformer les in-
» stincts acquis et transmis. A cent ans de di-
» stance, l'esprit de la montagne reparaît dans

» un agneau réfractaire comme après dix-huit
» cents ans de bannissement, l'Orient bril-
» lait dans les yeux et dans la figure juive
d'Esther [1].

Un autre aura remarqué le soin avec lequel les noms sont adaptés aux personnages. Aussi l'auteur voit-il insensiblement son œuvre appréciée. Peut-être, de romancier, passera-t-il historien à quelques-unes de ces promotions que l'opinion publique fait de temps en temps. Mais cet insigne honneur se retardera nécessairement jusqu'à ce qu'on ait eu l'intelligence de cette longue œuvre. Là est le secret des préfaces

[1] La Torpille, page 433, etc.

explicatives que l'auteur ne ménage plus, depuis qu'il s'est aperçu qu'elles sont nécessitées par le grand discrédit dans lequel sont tombées les critiques auxquelles on ne fait plus la moindre attention, à cause du désaccord que la spéculation met entre les opinions des rédacteurs et celle des éditeurs dans le même journal. Le livre que le journal pourra trouver mauvais, il l'a pompeusement annoncé comme une œuvre étourdissante, dans une réclame payée où l'on immole à l'auteur Swift, Sterne, Voltaire, Molière et Walter-Scott. La pièce de théâtre qu'au rez-de-chaussée du journal, le feuilleton prétend détestable, est vantée au premier étage dans les Faits-Paris comme attirant le monde entier. Pour trente francs, un auteur peut contredire son critique, à la quatrième page du journal, au-dessus de la Moutarde blanche ou des Biberons Darbo. Le caissier a reçu le prix d'une annonce et le feuilletoniste le prix de son opinion. L'un solde l'autre. Aussi, qu'arrive-t-il? La vente d'une première édition, autrefois significative et glorieuse pour une œuvre littéraire, toujours soumise à un certain temps d'appréciation, ne signifie plus rien aujourd'hui relativement à la valeur d'un livre. La non-vente est même en raison de la bonté de l'ouvrage. Cet état de choses est fatal à la littérature française; elle en triomphera sans doute, mais elle en souffrira peut-être encore long-temps, aussi long-temps du moins que l'Europe n'aura pas fait disparaître la plaie honteuse de la contrefaçon qui maintenant profite à la France au détriment de l'Angleterre, de l'Allemagne et de l'Italie. Nous en sommes arrivés à ce point, pour avoir justice, de désirer que la France aggrave le mal. Quand nous aurons fait sentir à nos voisins tous les malheurs que nous souffrons, peut-être obtiendra-t-on un résultat satisfaisant.

Maintenant, il est nécessaire de dire quelques mots sur l'œuvre accouplée à une *Fille d'Ève* et qui produit des disparates bizarres. *Massimilla Doni* est, comme *Gambara* dans la précédente publication, (*le Cabinet des Antiques*), une Etude Philosophique ajoutée à une Etude de Mœurs pour arriver au nombre de feuilles exigées par la jurisprudence bibliographique.

Ces œuvres n'ont aucune similitude, leur mariage forcé démontre l'énorme différence qui existe entre le système littéraire des Etudes Philosophiques et celui des Etudes de Mœurs; peut-être cette réunion momentanée d'œuvres dissemblables servira-t-elle à faire comprendre l'œuvre entière dont la seconde partie se composera des Etudes Philosophiques où l'auteur essaie de donner le secret des événemens sociaux qui sont le sujet des Etudes de Mœurs.

Mais l'auteur s'attend avant tout, aux accusations terribles d'immoralité. Peut-être, ira-t-on même jusqu'à l'obscénité, jusqu'à des comparaisons charitables avec les livres licencieux du dernier siècle. *Massimilla Doni* sera certes salie par de fausses interprétations. Au lieu de voir l'allégorie, on cherchera la réalité; tandis que chez l'auteur la réalité n'a servi qu'à peindre un des plus beaux problêmes de l'intelligence humaine aux prises avec l'art. C'est de ces questions qu'il faut laisser juger par le temps, il en sera de cette œuvre comme de la *Physiologie du mariage* et comme de la *Peau de chagrin*.

Massimilla Doni, Gambara, le Chef-d'Œuvre Inconnu, puis la Frelore, autre Étude Philosophique publiée dans un journal, et les Deux Sculpteurs, qui se publiera sans doute avant peu, sont des œuvres qui continuent pour ainsi dire LA PEAU DE CHAGRIN, en montrant le désordre que la pensée arrivée à tout son développement produit dans l'ame de l'artiste, en expliquant par quelles lois arrive le suicide de l'Art. Dans aucune de ces Etudes, le thème n'est plus visible que dans MASSIMILLA DONI, où l'auteur a joint, pour mieux expliquer ce phénomène moral, l'exemple d'un phénomène physique de peu de durée, il est vrai, mais qui démontre admirablement la puissance d'action que possède la Pensée sur la Matière. Le ton, le style, la composition, il voudrait pouvoir dire la couleur de ces Etudes sur l'art, sont en parfaite harmonie avec la *Peau de chagrin* autour de laquelle elles doivent être groupées le jour où cette œuvre sera publiée, à peu près complète, dans le format in-8°. La fantaisie y dominera d'une manière sensible, et s'opposera vigoureusement à la constante réalité qui sera le cachet des Etudes de mœurs.

Peut-être trouvera-t-on encore mauvais que l'auteur se fasse ainsi le cicérone de son œuvre. Aux yeux de beaucoup de gens auxquels les travaux déjà faits sont inconnus ou étrangers et qui liront cette préface, il peut avoir l'air d'un propriétaire expliquant sur un terrain nu les bâtimens qu'il projette. Il ressemblera presque à un des héros à moitié fous d'Hoffmann. Mais nous vivons à une époque où personne ne se souvient en 1830 de 1829, où tout est comme mort-né, où les intérêts littéraires qui eussent préoccupé les esprits dans d'autres temps, disparaissent devant les changeans intérêts d'une politique fondée sur des sables mouvans. Est-ce dans un temps où chacun tremble de voir sa propre maison s'écrouler demain, que l'on peut penser à des œuvres littéraires? D'ailleurs, l'individualisme a gagné la littérature. Là, comme dans le monde social règne le : chacun pour soi ! Mais l'auteur, plus que tout autre, croit que, malgré l'indifférence qui tue à Paris la littérature, en aucun siècle, le mouvement littéraire n'a été plus vif, ni plus grand dans ses causes et dans ses effets. La portée de cette époque est inconnue à la majeure partie de ceux qui en sont les auteurs, et qui se trouvant les pivots ou les rouages de cette grande machine, ne sauraient en avoir le prodigieux spectacle. Le temps de la justice arrivera pour cette génération de grands poètes si singulièrement entassés et qui se nuisent par leur voisinage, il arrivera pour les philosophes et les historiens consciencieux, pour de hardies doctrines morales, pour le journalisme lui-même, dont il faudra bien admirer l'étonnante profusion de cervelles et le génie au jour le jour.

Ceci donc aura du moins servi à prouver aux étrangers que nous sommes avant eux dans le secret des critiques qu'ils peuvent se permettre sur nous, qu'il est en France des esprits qui savent se mettre à distance et distinguer le bien mêlé à tant de mal, et qui ne sont pas enfin les dupes des sottises patriotiques de la nation, dite la plus spirituelle du monde.

Aux Jardies, février 1839.

DÉDICACE.

A MADAME LA COMTESSE BOLOGNINI,

NÉE VIMERCATI.

Si vous vous souvenez, Madame, du plaisir que votre conversation procurait à un voyageur en lui rappelant Paris à Milan, vous ne vous étonnerez pas de le voir vous témoignant sa reconnaissance pour tant de bonnes soirées passées auprès de vous, en apportant une de ses œuvres à vos pieds, et vous priant de la protéger de votre nom, comme autrefois ce nom protégea plusieurs contes d'un de vos vieux auteurs, cher aux Milanais.

Vous avez une Eugénie, déjà belle, dont le spirituel sourire annonce qu'elle tiendra de vous les dons les plus précieux de la femme, et qui, certes, aura dans son enfance tous les bonheurs qu'une triste mère refusait à l'Eugénie mise en scène dans cette œuvre.

Vous voyez que si les Français sont taxés de légèreté, d'oubli, je suis Italien par la constance et par le souvenir. En écrivant le nom d'Eugénie, ma pensée m'a souvent reporté dans ce frais salon en stuc et dans ce petit jardin, au Vicolo dei Capuccini, témoin des rires de cette chère enfant, de nos querelles, de nos récits. Vous avez quitté le Coro pour les Tre Monasteri, je ne sais point comment vous y êtes, et suis obligé de vous voir, non plus au milieu des jolies choses qui sans doute vous y entourent, mais comme une de ces belles figures *dues à Carlo Dolci, Raphaël; Titien, Allori, et qui semblent presque abstraites, tant elles sont loin de nous.*

Si ce livre peut sauter par-dessus les Alpes, il vous prouvera donc la vive reconnaissance et l'amitié respectueuse

De votre humble serviteur,
DE BALZAC.

UNE FILLE D'ÉVE.

NOUVELLE SCÈNE DE LA VIE PRIVÉE.

CHAPITRE I.

LES DEUX MARIE.

Au mois de février 1834, dans un des plus beaux hôtels de la rue Neuve-des-Mathurins, à onze heures et demie du soir, deux femmes étaient assises devant la cheminée d'un boudoir. Tendu de ce velours de coton bleuâtre, à reflets tendres et chatoyans que l'industrie française n'a su fabriquer que dans ces dernières années, le boudoir avait ses portes et ses croisées drapées de moelleux rideaux en cachemire d'un bleu qui s'harmoniait à celui de la tenture, et comme elle, relevés par des bouillons de perles. D'une jolie rosace placée au milieu du plafond descendait, suspendue par trois chaînes du plus beau travail, une lampe d'argent ornée de turquoises. Ce plafond, revêtu de soie bleue, étoilé de cachemire blanc plissé en longues bandes sur la tenture, à d'égales distances, et agrafées par des nœuds de perles, complétait cette décoration. Le mobilier, de formes gothiques, était sculpté en plein bois de palissandre, sur les plus beaux modèles du vieux temps. Il rehaussait par ses tons riches la fadeur de cet ensemble, un peu trop cotonneux, dirait un peintre. Le dos des chaises et des fauteuils offrait à l'œil des pages menues en belle étoffe de soie blanche à trame grenue, fleuretée, largement encadrées par des feuillages touffus et finement découpés. De chaque côté de la croisée, deux étagères montraient leurs mille bagatelles précieuses, les fleurs des arts mécaniques écloses au feu de la pensée. Les pieds rencontraient le chaud tissu d'un tapis belge, épais comme un gazon et à fond gris de lin semé de bouquets bleus. Sur la cheminée en marbre turquin, les porcelaines les plus folles du vieux Saxe, ces bergers qui vont à des noces éternelles, de délicats bouquets à la main, espèce de chinoiseries allemandes, entouraient une pendule en platine, niellée d'arabesques; au-dessus, brillaient les tailles côtelées d'une glace de Venise, entourée d'un cadre en ébène à figures en relief, et venue de quelques vieilles résidences royales. Quelques jardinières étalaient le luxe malade des serres, de pâles et divines fleurs, les perles de la botanique. Ce boudoir était froid, rangé, propre comme s'il eût été à vendre. Vous n'y eussiez pas trouvé ce malin et capricieux désordre qui révèle le bonheur.

Là, tout était en harmonie, même les deux femmes qui pleuraient, tout paraissait souffrant.

Le nom du propriétaire, Ferdinand du Tillet, un des plus riches banquiers de Paris, justifiera le luxe effréné qui ornait l'hôtel, et dont ce boudoir est comme le programme. Quoique sans famille, quoique parvenu, Dieu sait comment! du Tillet avait épousé en 1831 la dernière fille du comte de Grandville, l'un des plus célèbres noms de la magistrature française, et devenu pair de France après la révolution de juillet. Ce mariage d'ambition fut acheté par la quittance au contrat d'une dot non touchée, semblable à celle qui avait été constituée à la sœur aînée de madame du Tillet, mariée au comte Félix de Vandenesse. De leur côté, les Grandville avaient obtenu l'alliance avec les Vandenesse par l'énormité de la dot. Ainsi, la Banque avait réparé la brèche faite à la Magistra-

ture par la Noblesse. Si le comte de Vandenesse
s'était pu voir à trois ans de distance beau-
frère d'un sieur Ferdinand dit du Tillet, il n'eût
peut-être pas épousé sa femme ; mais quel
homme aurait, vers la fin de 1828, prévu les
étranges bouleversemens que 1830 devait apporter dans l'état politique, dans les fortunes
et dans la morale de la France ? Il eût passé
pour fou celui qui aurait dit au comte Félix de
Vandenesse que, dans ce chassez-croisez, il
perdrait sa couronne de pair et qu'elle se pose-
rait sur la tête du comte de Grandville.

Ramassée dans la pose d'une femme attentive, sur une de ces chaises basses appelées
chauffeuses, madame du Tillet pressait sur sa
poitrine avec une tendresse maternelle, et baisait parfois la main de sa sœur. Celle-ci était
madame Félix de Vandenesse. Dans le monde,
on joignait au nom de famille le nom de baptême, pour la distinguer de sa belle-sœur, la

femme de l'ancien ambassadeur Charles de Vandenesse, lequel avait épousé la riche veuve du comte de Kergarouët, une demoiselle de Fontaine. A demi renversée sur une causeuse, un mouchoir dans l'autre main, la respiration embarrassée par des sanglots réprimés, les yeux mouillés, la comtesse venait de faire de ces confidences qui ne se font que de sœur à sœur, quand deux cœurs s'aiment, et ces deux sœurs s'aimaient tendrement. Nous vivons dans un temps où deux sœurs si bizarrement mariées peuvent si bien ne pas s'aimer qu'un historien est tenu de rapporter les causes de cette tendresse, conservée sans accrocs ni taches au milieu des dédains de leurs maris l'un pour l'autre et des désunions sociales. Un rapide aperçu de leur enfance fera comprendre leur situation respective.

Ces deux femmes avaient été élevées dans un sombre hôtel du Marais situé rue Vieille-du-

Temple, au coin de la rue Saint-François, par une mère dévote, sévère et d'une intelligence étroite. La comtesse de Grandville avait accompli la première tâche d'une mère envers ses filles. Marie-Eugénie et Marie-Angélique atteignirent le moment de leur mariage, la première à vingt ans, la seconde à dix-sept, sans jamais avoir été loin de l'aile ni du regard maternels. Jusqu'alors, elles n'étaient allées à aucun spectacle, leurs théâtres avaient été les églises de Paris; enfin leur éducation fut aussi rigoureuse à l'hôtel de leur mère qu'elle aurait pu l'être dans un cloître. Depuis l'âge de raison, elles avaient toujours couché dans une chambre contiguë à celle de la comtesse de Grandville, et dont la porte restait ouverte pendant la nuit. Le temps que ne prenaient pas les devoirs religieux ou les études indispensables à des filles bien nées et les soins de leur personne se passait en travaux à l'aiguille faits pour les pauvres, en promenades accomplies dans le genre de celles que se permettent les Anglais, le dimanche, en disant : « N'allons pas si vite, nous aurions l'air de nous amuser. » Leur instruction ne dépassa point les limites imposées par des confesseurs élus parmi les ecclésiastiques les moins tolérans et les plus jansénistes. Jamais filles ne furent livrées à des maris ni plus pures ni plus vierges : leur mère semblait avoir vu dans ce point, assez essentiel d'ailleurs, l'accomplissement de tous ses devoirs envers Dieu et les hommes. Ces deux pauvres créatures n'avaient, avant leur mariage, ni lu des romans ni dessiné autre chose que des figures dont l'anatomie eût paru le chef-d'œuvre de l'impossible à Cuvier, et gravées de manière à féminiser l'Hercule Farnèse lui-même. Une vieille fille leur avait appris le dessin. Un vieux prêtre leur avait enseigné la grammaire, la langue française, l'histoire, la géographie et le peu d'arithmétique nécessaire aux femmes. Leurs lectures, choisies dans les livres autorisés, comme les *Lettres édifiantes* et les *Leçons de Littérature de Noël,* se faisaient le soir à haute voix, mais en compagnie du directeur de leur mère, car il pouvait s'y rencontrer des passages qui, sans de sages commentaires, eussent éveillé leur imagination. Le *Télémaque* de Fénélon avait paru dangereux. La comtesse de Grandville aimait assez ses filles, pour en vouloirs faire des anges à la façon de Marie Alacoque, mais ses filles auraient préféré une mère moins vertueuse et plus aimable.

Cette éducation porta ses fruits.

La religion imposée comme un joug et présentée sous des formes austères lassa de ses pratiques ces jeunes cœurs innocens, traités comme s'ils eussent été criminels; elle y comprima les sentimens, et tout en y jetant de profondes racines, elle ne fut pas aimée. Les deux Marie devaient ou devenir imbéciles ou souhaiter leur indépendance : elles souhaitèrent de se marier dès qu'elles purent entrevoir le monde et comparer quelques idées ; mais leurs graces touchantes et leur valeur, elles l'ignorèrent. Elles ignoraient leur propre candeur, comment auraient-elles su la vie? Elles étaient sans armes contre le malheur, comme sans expérience pour apprécier le bonheur. Elles ne tirèrent d'autre consolation que d'elles-mêmes au fond de cette geôle maternelle. Leurs douces confidences, le soir, à voix basse, ou les quelques phrases échangées quand leur mère les quittait pour un moment, contenaient plus d'idées que les mots n'en pouvaient exprimer. Souvent un regard dérobé à tous les yeux et par lequel elles se communiquaient leurs émotions était comme un poëme d'amère mélancolie. La vue du ciel sans nuages, le parfum des fleurs, le tour du jardin fait bras dessus bras dessous, composaient pour elles des plaisirs inouïs. L'achèvement d'un ouvrage de broderie leur causait d'innocentes joies. La société de leur mère, loin d'offrir quelques ressources à leur cœur ou de stimuler leur esprit, ne pouvait qu'assombrir leurs idées et contrister leurs sentimens. Elle se composait de vieilles femmes droites, sèches, sans grace, dont la conversation roulait sur les différences qui nuançaient les prédicateurs ou les directeurs de conscience, sur leurs petites indispositions et sur les événemens religieux les plus imperceptibles pour la *Quotidienne* ou pour l'*Ami de la Religion*. Quant aux hommes, ils eussent éteint les flambeaux de l'amour, tant leurs figures étaient froides et tristement résignées. Ils avaient tous cet âge où l'homme est maussade et chagrin, où sa sensibilité ne s'exerce plus qu'à table et ne s'attache qu'aux choses qui concernent le bien-être. L'égoïsme religieux avait desséché ces cœurs voués au devoir et retranchés derrière la pratique. De silencieuses séances de jeu les occupaient presque toute la soirée. Les deux petites, mises comme au ban de ce sanhedrin qui maintenait la sévérité maternelle, se surprenaient à haïr ces désolans personnages aux yeux creux, aux figures refrognées.

Sur les ténèbres de cette vie, se dessina vigoureusement une seule figure d'homme, celle d'un maître de musique. Les confesseurs avaient décidé que la musique était un art chrétien, né dans l'Eglise catholique et développé par elle. On permit donc aux deux petites filles d'apprendre la musique. Une demoiselle à lunettes, qui montrait le solfége et le piano dans un couvent voisin, les fatigua d'exercices. Mais quand l'aînée de ses filles atteignit dix ans, le comte de Grandville démontra la nécessité de prendre un maître. Madame de Grandville donna toute la valeur d'une conjugale obéissance à cette concession nécessaire. Il est dans l'esprit des dévotes de se faire un mérite des devoirs accomplis.

Le maître fut un Allemand catholique, un de ces hommes nés vieux, qui auront toujours cinquante ans, même à quatre-vingts. Sa figure creusée, ridée, brune, conservait quelque chose d'enfantin et de naïf dans ses fonds noirs. Le bleu de l'innocence animait ses yeux et le gai sourire du printemps habitait ses lèvres. Ses vieux cheveux gris, arrangés naturellement comme ceux de Jésus-Christ, ajoutaient à son air extatique je ne sais quoi de solennel qui trompait sur son caractère, car il eût fait une sottise avec la plus exemplaire gravité. Ses habits étaient une enveloppe nécessaire à laquelle il ne prêtait aucune attention. Son regard allait trop haut dans les nues pour jamais se commettre avec les matérialités. Aussi ce grand artiste inconnu tenait-il à la classe aimable des oublieurs, qui donnent leur temps et leur ame à autrui comme ils laissent leurs gants sur toutes les tables et leur parapluie à toutes les portes. Ses mains étaient de celles qui sont sales après avoir été lavées. Enfin, son vieux corps, mal assis sur ses vieilles jambes nouées, et qui démontraient jusqu'à quel point l'homme peut en faire l'accessoire de son ame, appartenait à ces étranges créations qui n'ont été bien dépeintes que par un Allemand, par Hoffmann, le poëte de ce qui n'a pas l'air d'exister et qui néanmoins a vie. Tel était Schmuke, ancien maître de chapelle du margrave d'Anspach, savant qui passa par un conseil de dévotion et à qui l'on demanda s'il faisait maigre. Le maître eut envie de répondre : « Regardez-moi. » Mais comment badiner avec des dévotes et des directeurs jansénistes.

Ce vieillard apocryphe tint tant de place dans

la vie des deux Marie, elles prirent tant d'amitié pour ce candide et grand artiste, qui se contentait de comprendre l'art, qu'après leur mariage, chacune lui constitua trois cents francs de rente viagère, somme qui suffisait pour son logement, sa bière, sa pipe et ses vêtemens. Six cents francs de rente et ses leçons étaient son Eden. Schmuke ne s'était senti le courage de confier sa misère et ses vœux qu'à ces deux adorables jeunes filles, à ces cœurs fleuris sous la neige des rigueurs maternelles, et la glace de la dévotion. Ce fait explique tout Schmuke et l'enfance des deux Marie.

Personne ne sut, plus tard, quel abbé, quelle vieille dévote avait découvert cet Allemand égaré dans Paris. Dès que les mères de famille apprirent que la comtesse de Grandville avait trouvé pour ses filles un maître de musique, toutes demandèrent son nom et son adresse. Schmuke eut trente maisons dans le Marais.

Ce succès tardif se manifesta par des souliers à boucles d'acier bronzé, fourrés de semelles en crin, et par du linge plus souvent renouvelé. Sa gaîté d'ingénu, long-temps comprimée par une noble et décente misère, reparut. Il laissa échapper de petites phrases spirituelles comme : « Mesdemoiselles, les chats ont mangé la crotte » dans Paris cette nuit, » quand pendant la la nuit la gelée avait séché les rues, boueuses la veille ; mais il les disait en patois germanico-gallique : *Montemisselle, lé chas honte manché là gróttenne tan Bâri sti nouitte !* Satisfait d'apporter à ces deux anges cette espèce de *vergiss mein nicht* choisi parmi les fleurs de son esprit, il prenait, en l'offrant, un air fin et spirituel qui désarmait la raillerie. Il était si heureux de faire éclore le rire sur les lèvres de ses deux écolières dont il comprenait la malheureuse vie, qu'il se fût rendu ridicule exprès, s'il ne l'eût pas été naturellement. Son cœur eût renouvelé les vulgarités les plus populaires. Il eût, suivant une belle expression de feu M. de Saint-Martin, doré de la boue avec son céleste sourire.

D'après une des plus nobles idées de l'éducation religieuse, les deux Marie reconduisaient leur maître avec respect jusqu'à la porte de l'appartement. Là, les deux pauvres filles lui disaient quelques douces phrases, heureuses de rendre cet homme heureux. Elles ne pouvaient se montrer femme que pour lui!

Jusqu'à leur mariage, la musique devint donc pour elles une autre vie dans la vie, de même que le paysan russe prend, dit-on, ses rêves pour la réalité, sa vie pour un mauvais sommeil. Dans leur désir de se défendre contre les petitesses qui menaçaient de les envahir, contre les dévorantes idées ascétiques, elles se jetèrent dans les difficultés de l'art musical à s'y briser. La Mélodie, l'Harmonie, la Composition, ces trois filles du ciel, dont le chœur fut mené par ce vieux Faune catholique, ivre de musique, les récompensèrent de leurs travaux et leur firent un rempart de leurs danses aériennes. Mozart, Beethoven, Haydn, Paësiello, Cimarosa, Hummel et les génies secondaires développèrent en elles mille sentimens qui ne dépassèrent pas la chaste enceinte de leurs cœurs voilés, mais qui pénétrèrent dans la Création, où elles volèrent à toutes ailes. Quand elles avaient exécuté quelques morceaux en atteignant à la perfection, elles se serraient les mains et s'embrassaient en proie à une vive extase. Le vieux maître les appelait ses deux Saintes-Céciles.

Les deux Marie n'allèrent au bal qu'à l'âge de seize ans, et quatre fois seulement par année, dans trois maisons choisies. Elles ne quittaient les côtes de leur mère que munies d'instructions sur la conduite à suivre avec leurs danseurs, et si sévères qu'elles ne pouvaient répondre que oui ou non à leurs partenaires. L'œil de la comtesse n'abandonnait point ses filles et semblait deviner les paroles au mouvement des lèvres. Les pauvres petites avaient des toilettes de bal irréprochables, des robes de mousseline montant jusqu'au menton, avec une infinité de ruches excessivement fournies, et des manches longues. En tenant leurs graces comprimées et leurs beautés voilées, cette toilette leur donnait une vague ressemblance avec les gaînes égyptiennes; il sortait de ces blocs de coton deux figures délicieuses de mélancolie. Elles enrageaient en se voyant l'objet d'une pitié douce. Quelle est la femme, si candide qu'elle soit, qui ne souhaite faire envie! Aucune idée dangereuse, malsaine ou seulement équivoque, ne souilla donc la pulpe blanche de leur cerveau; leurs cœurs étaient purs, leurs mains étaient horriblement rouges, elles crevaient de santé. Ève ne sortit pas plus innocente des mains de Dieu que ces deux filles ne le furent en sortant du logis maternel pour aller à la Mairie et à l'Eglise, avec la simple mais épouvantable recommandation d'obéir en toute chose à des hommes auprès desquels elles devaient dormir ou veiller pendant la nuit. A leur sens, elles ne pouvaient trouver plus mal dans la maison étrangère où elles seraient déportées que dans le couvent maternel.

Pourquoi le père de ces deux filles, le comte de Grandville, ce grand, savant et intègre magistrat, quoique parfois entraîné par la politique, ne protégeait-il pas ces deux petites créatures contre cet écrasant despotisme? Hélas! par une mémorable transaction, convenue après six ans de mariage, les époux vivaient séparés dans leur propre maison. Le père s'était réservé l'éducation de ses fils, en laissant à sa femme l'éducation des filles. Il vit beaucoup moins de danger pour des femmes que pour des hommes à l'application de ce système oppresseur. Les deux Marie, destinées à subir quelque tyrannie, celle de l'amour ou celle du mariage, y perdaient moins que des garçons, chez qui l'intelligence devait rester libre, et dont les qualités se seraient détériorées sous la compression violente des idées religieuses poussées à toutes leurs conséquences. De quatre victimes, le comte en avait sauvé deux. La comtesse regardait ses deux fils, l'un voué à la magistrature assise, et l'autre à la magistrature amovible, comme trop mal élevés pour leur permettre la moindre intimité avec leurs sœurs. Les communications étaient sévèrement gardées entre ces pauvres enfans.

D'ailleurs, quand le comte faisait sortir ses fils du collége, il se gardait bien de les tenir au logis. Ces deux garçons y venaient déjeûner avec leur mère et leurs sœurs, puis le magistrat les amusait par quelque partie au dehors : le restaurateur, les théâtres, les musées, la campagne dans la saison, défrayaient leurs plaisirs. Excepté les jours solennels dans la vie de famille, comme la fête de la comtesse ou celle du père, les premiers jours de l'an, ceux de distribution des prix, où les deux garçons demeuraient au logis paternel et y couchaient, fort gênés, n'osant pas embrasser leurs sœurs, surveillées par la comtesse, qui ne les laissait pas un instant ensemble, les deux pauvres filles virent si rarement leurs frères qu'il ne put y avoir aucun lien entre eux.

Ces jours-là, les interrogations : — Où est Angélique ? — Que fait Eugénie ? — Où sont mes enfans ? s'entendaient à tout propos.

Lorsqu'il était question de ses deux fils, la comtesse levait au ciel ses yeux froids et macérés comme pour demander pardon à Dieu de ne pas les avoir arrachés à l'impiété. Ses exclamations, ses réticences à leur égard, équivalaient aux plus lamentables versets de Jérémie et trompaient les deux sœurs qui croyaient leurs frères pervertis et à jamais perdus. Quand ses fils eurent dix-huit ans, le comte leur donna deux chambres dans son appartement, et leur fit faire leur droit en les plaçant sous la surveillance d'un avocat, son secrétaire, chargé de les initier aux secrets de leur avenir. Les deux Marie ne connurent donc la fraternité qu'abstraitement. A l'époque des mariages de leurs sœurs, l'aîné était président de chambre à une cour royale de province, l'autre procureur-général ; et chaque fois un grave procès ne leur permit pas d'assister à la cérémonie.

Dans beaucoup de familles, la vie intérieure, qu'on pourrait imaginer intime, unie, cohérente, se passe ainsi : les frères sont au loin, occupés à leur fortune, à leur avancement, pris par le service du pays; les sœurs sont enveloppées dans le tourbillon d'intérêts de familles étrangères à la leur; tous les membres vivent ainsi dans la désunion, dans l'oubli les uns des autres, n'ayant que les faibles liens du souvenir jusqu'au moment où l'orgueil les rappelle, où l'intérêt les rassemble et quelquefois les sépare de cœur comme ils l'ont été de corps. Une famille vivant unie de fait et d'esprit est une rare exception. La loi moderne, en multipliant la famille par la famille, a créé le plus horrible de tous les maux: l'individualisme.

Au milieu de la profonde solitude où se passa leur jeunesse, Angélique et Eugénie virent rarement leur père, qui d'ailleurs, apportait dans le grand appartement habité par sa femme au rez-de-chaussée de l'hôtel une figure attristée. Il gardait au logis la physionomie grave et solennelle du magistrat sur le siége.

Quand les deux petites filles eurent dépassé l'âge des joujoux et des poupées, quand elles commencèrent à user de leur raison, vers douze ans, à l'époque où elles ne riaient déjà plus du vieux Schmuke, elles surprirent le secret des soucis qui sillonnaient le front du comte ; elles reconnurent sous son masque sévère les vestiges d'une bonne nature et d'un charmant caractère. Elles comprirent qu'il avait cédé la place à la religion dans son ménage, qu'il avait été trompé dans ses espérances de mari, comme il était atteint dans les fibres les plus délicates de la paternité, l'amour des pères pour leurs filles. De semblables douleurs émeuvent singulièrement des jeunes filles sevrées de tendresse. Quelquefois, en faisant le tour du jardin entre elles, chaque bras passé autour de chaque petite taille, et se mettant à leur pas enfantin, le père les arrêtait dans un massif, il les baisait l'une après l'autre au front ; ses yeux, sa bouche et sa physionomie exprimaient alors la plus profonde compassion.

— Vous n'êtes pas très heureuses, mes chères petites, leur disait-il, mais je vous marierai de bonne heure, et je serai content en vous voyant quitter la maison.

— Papa, disait Eugénie, nous sommes décidées à prendre pour mari le premier homme venu.

— Voilà, s'écriait-il, le fruit amer d'un semblable système! On veut faire des saintes, on obtient des...

Il n'achevait pas... Souvent ces deux filles sentaient une bien vive tendresse dans les adieux de leur père ou dans ses regards quand, par hasard, il dînait au logis. Ce père si rarement vu, elles le plaignaient, et l'on aime ceux que l'on plaint.

Cette sévère et religieuse éducation fut la cause des mariages de ces deux sœurs, soudées ensemble par le malheur, comme Rita-Christina par la nature. Beaucoup d'hommes, poussés au mariage, préfèrent une fille prise au couvent et saturée de dévotion à une fille élevée dans les doctrines mondaines. Il n'y a pas de milieu : un homme doit épouser une fille très instruite qui a lu les annonces des journaux et les a commentées, qui a valsé et dansé le galop avec mille jeunes gens, qui a été à tous les spectacles, qui a dévoré des romans, à qui un maître de danse a brisé les genoux en les appuyant sur les siens, qui de religion ne se soucie guère, et s'est faite à elle-même sa morale, ou une jeune fille ignorante et pure, comme étaient Marie-Angélique et Marie-Eugénie. Peut-être y a-t-il autant de danger avec les unes qu'avec les autres ; mais l'immense majorité des gens qui n'ont pas l'âge d'Arnolphe aiment encore mieux une Agnès religieuse qu'une Célimène en herbe.

Les deux Marie, petites et minces, avaient la même taille, le même pied, la même main. Eugénie, la plus jeune, était blonde comme sa mère; Angélique était brune comme le père; mais toutes deux avaient le même teint : une peau de ce blanc nacré qui annonce la richesse et la pureté de sang, marbrée par des couleurs vivement détachées sur un tissu nourri comme celui du jasmin, comme lui, fin, lisse et tendre au toucher. Les yeux bleus d'Eugénie, les yeux bruns d'Angélique avaient une expression de naïve insouciance, d'étonnement non prémédité, bien rendue par la manière vague dont flottaient leurs prunelles sur le blanc fluide de l'œil. Elles étaient bien faites : leurs épaules un peu maigres, devaient se modeler plus tard; leurs gorges, si long-temps voilées, étonnèrent le regard par leurs perfections quand leurs maris les prièrent de se décolleter pour le bal. L'un et l'autre jouirent alors de cette charmante honte qui fit rougir d'abord à huis-clos et pendant toute une soirée ces deux ignorantes créatures. Au moment où commence cette scène, où l'aînée pleurait et se laissait consoler par sa cadette, leurs mains et leurs bras étaient devenus d'une blancheur de lait : toutes deux avaient nourri, l'une un garçon, l'autre une fille.

Eugénie avait paru très espiègle à sa mère, qui pour elle avait redoublé d'attention et de sévérité. Aux yeux de cette mère redoutée, Angélique, noble et fière, semblait avoir une ame pleine d'exaltation qui se garderait toute seule, tandis que la lutine Eugénie paraissait avoir besoin d'être contenue. Il est de charmantes créatures méconnues par le sort, à qui tout devrait réussir dans la vie, mais qui vivent et meurent malheureuses, tourmentées par un mauvais génie, victimes de circonstances imprévues. Ainsi l'innocente, la gaie Eugénie était tombée sous le malicieux despotisme d'un parvenu au sortir de la prison maternelle. Marie-Angélique, disposée aux grandes luttes du sentiment, avait été jetée dans les plus hautes sphères de la société parisienne, la bride sur le cou.

CHAPITRE II.

CONFIDENCES DE DEUX SŒURS.

Madame de Vandenesse succombait évidemment sous le poids de peines trop lourdes pour son ame, encore naïve après six ans de mariage ; elle était étendue, les jambes à demi fléchies, le corps plié, la tête comme égarée sur le dos de la causeuse. Accourue chez sa sœur, après une courte apparition aux Italiens, elle avait encore dans ses nattes quelques fleurs, mais d'autres gisaient éparses sur le tapis avec ses gants, sa pelisse de soie garnie de fourrures, son manchon et son capuchon. Des larmes brillantes mêlées à ses perles sur sa blanche poitrine, ses yeux mouillés annonçaient d'étranges confidences. Au milieu de ce luxe, n'était-ce pas horrible ? Napoléon l'a dit : Rien ici bas n'est volé, tout se paie. Elle ne se sentait pas le courage de parler.

— Pauvre chérie, dit madame du Tillet. Quelle fausse idée as-tu de mon mariage pour avoir imaginé de me demander du secours ?

En entendant cette phrase arrachée au fond du cœur de sa sœur par la violence de l'orage qu'elle y avait versé, de même que la fonte des neiges soulève les pierres les mieux enfoncées au lit des torrens, la comtesse regarda d'un air stupide la femme du banquier : le feu de la terreur sécha ses larmes, et ses yeux demeurèrent fixes.

— Es-tu donc aussi dans un abîme, mon ange? dit-elle à voix basse.

— Mes maux ne calmeront pas tes douleurs.

— Dis-les, chère enfant. Je ne suis pas encore assez égoïste pour ne pas t'écouter! Nous souffrons donc encore ensemble comme dans notre jeunesse?

— Mais nous souffrons séparées, répondit mélancoliquement la femme du banquier. Nous vivons dans deux sociétés ennemies. Je vais aux Tuileries quand tu n'y vas plus. Nos maris appartiennent à deux partis contraires; je suis la femme d'un banquier ambitieux, d'un mauvais homme, mon cher trésor! Toi, tu es celle d'un bon être, noble, généreux...

— Oh! pas de reproches, dit la comtesse. Pour m'en faire, une femme devrait avoir subi les ennuis d'une vie terne et décolorée, en être sortie pour entrer dans le paradis de l'amour ; il lui faudrait connaître le bonheur qu'on éprouve à sentir toute sa vie chez un autre, à épouser les émotions infinies d'une ame de poète, à vivre doublement : aller, venir avec lui dans ses courses à travers les espaces, dans le monde de l'ambition, souffrir de ses chagrins, monter sur les ailes de ses immenses plaisirs, se déployer sur un vaste théâtre ; et tout cela pendant que l'on est calme, froide, sereine devant un monde observateur. Oui, ma chère, on doit soutenir souvent tout un océan dans son cœur en se trouvant, comme nous sommes ici, devant le feu, chez soi, sur une causeuse ? Quel bonheur, cependant, que d'avoir à toute minute un intérêt énorme qui multiplie les fibres du cœur et les étend, de n'être froide à rien, de trouver sa vie attachée à une promenade où l'on verra dans la foule un œil scintillant qui fait pâlir le soleil, d'être émue par un retard, d'avoir envie de tuer un importun qui vole un de ces rares momens où le bonheur palpite dans les plus petites veines. Quelle ivresse que de vivre enfin! Ah! chère, vivre quand tant de femmes demandent à genoux des émotions qui les fuient! Songe, mon enfant, que pour ces poèmes il n'est qu'un temps, la jeunesse. Dans quelques années, vient l'hiver, le froid. Ah! si tu possédais ces vivantes richesses du cœur et que tu fusses menacée de les perdre...

Madame du Tillet, effrayée, s'était voilée la figure avec ses mains en entendant cette horrible antienne.

— Je n'ai pas eu la pensée de te faire le moindre reproche, ma bien aimée, dit-elle enfin en voyant le visage de sa sœur baigné de larmes chaudes. Tu viens de jeter dans mon ame, en un moment, plus de brandons que n'en ont éteint mes larmes. Oui, la vie que je mène légitimerait dans mon cœur un amour comme celui que tu viens de me peindre. Laisse-moi croire que si nous nous étions vues plus souvent nous ne serions pas où nous en sommes. Si tu avais su mes souffrances, tu aurais apprécié ton bonheur, tu m'aurais peut-être enhardie à la résistance et je serais heureuse. Ton malheur est un accident auquel un hasard obviera; mon malheur est de tous les momens. Pour mon mari, je suis le porte-manteau de son luxe, l'enseigne de ses ambitions, une de ses vaniteuses satisfactions. Il n'a pour moi ni affection vraie ni confiance. Ferdinand est sec et poli comme ce marbre, dit-elle en frappant le manteau de la cheminée. Il se défie de moi. Tout ce que je demanderais pour moi-même est refusé d'avance; mais, quant à ce qui le flatte et annonce sa fortune, je n'ai pas même à désirer : il décore mes appartemens, il dépense des sommes exorbitantes pour ma table; mes gens, mes loges au théâtre, tout ce qui est extérieur est du dernier goût. Sa vanité n'épargne rien, il mettra des dentelles aux langes de ses enfans, mais il n'entendra pas leurs cris, ne devinera pas leurs besoins! Me comprends-tu? Je suis couverte de diamans quand je vais à la cour; à la ville, je porte les bagatelles les plus riches; mais je ne dispose pas d'un liard. Madame du Tillet, qui peut-être excite des jalousies, qui paraît heureuse et nager dans l'or, n'a pas cent francs à elle. Si le père ne se soucie pas de ses enfans, il se soucie bien moins de leur mère! Ah! il m'a fait bien rudement sentir qu'il m'a payée, et que ma fortune personnelle, dont je ne dispose point, lui a été arrachée. Si je n'avais qu'à me rendre maîtresse de lui, peut-être le séduirais-je; mais je subis une influence étrangère, celle d'une femme de cinquante ans passés qui a des prétentions et qui le domine, la veuve d'un notaire. Je le sens : je ne serai libre qu'à sa mort. Ici ma vie est réglée comme celle d'une reine : on sonne mon déjeûner et mon dîner comme à ton château ; je sors infailliblement à une certaine heure pour aller au bois ; je suis toujours accompagnée de deux domestiques en grande tenue, et dois être revenue à la même heure. Au lieu de donner des ordres, j'en reçois. Au bal, au théâtre, un valet vient me dire : « la voiture de madame est avancée, » et je dois partir souvent au milieu de mon plaisir. Ferdinand se fâcherait si je n'obéissais pas à l'étiquette créée pour sa femme, et il me fait peur. Au milieu de cette opulence maudite, je conçois des regrets et trouve notre mère une bonne mère : elle nous laissait les nuits et je pouvais causer avec toi. Enfin je vivais près d'une créature qui m'aimait et souffrait avec moi ; tandis qu'ici, dans cette somptueuse maison, je suis au milieu d'un désert.

A ce terrible aveu, la comtesse saisit à son tour la main de sa sœur et la baisa en pleurant.

— Comment puis-je t'aider? lui dit Eugénie à voix basse. S'il nous surprenait, il entrerait en défiance et voudrait savoir ce que tu m'as dit depuis une heure; il faudrait lui mentir, chose difficile avec un homme fin et traître; il me tendrait des piéges. Mais laissons mes malheurs! pensons à toi. Tes quarante mille francs, ma chère, ne seraient rien pour Ferdinand, qui remue des millions avec un autre gros banquier, le baron de Nucingen. Quelquefois j'assiste à des diners où ils disent des choses à faire frémir. Du Tillet connaît ma probité de femme, et l'on parle devant moi sans se gêner : on est sûr de ma discrétion. Hé bien, les assassinats sur la grande route me semblent des actes de charité comparés à certaines combinaisons financières. Nucingen et lui se soucient de ruiner les gens comme je me soucie des profusions de leurs tables. Souvent, je reçois de pauvres dupes dont j'ai entendu faire le compte la veille, et qui se lancent dans des affaires où ils doivent laisser leur fortune : il me prend envie, comme à Léonarde dans la caverne des brigands, de leur dire : Prenez garde! Mais que deviendrais-je? Je me tais. Ce somptueux hôtel est un coupe-gorge. Et du Tillet, Nucingen, jettent les billets de mille francs par poignées pour leurs caprices. Ferdinand achète au Tillet l'emplacement de l'ancien château pour le rebâtir, il veut y joindre une forêt et de magnifiques domaines ; il prétend que son fils sera comte, et qu'à la troisième génération il sera noble. Nucingen, las de son hôtel de la rue Saint-Lazare, construit un palais. Sa femme est une de mes amies... Ah! s'écria-t-elle, elle peut nous être utile, elle est hardie avec son mari, elle a la disposition de sa fortune, elle te sauvera.

— Chère Minette, dit madame de Vandenesse en se jetant dans les bras de sa sœur et y fondant en larmes, je n'ai plus que quelques heures, allons-y ce soir, à l'instant.

— Et puis-je sortir à onze heures du soir?

— J'ai ma voiture.

— Que complotez-vous donc là? dit du Tillet en poussant la porte du boudoir.

Il montrait aux deux sœurs un visage anodin éclairé par un air faussement aimable. Les tapis avaient assourdi ses pas et la préoccupation des deux femmes les avait empêchées d'entendre le bruit que fit la voiture de du Tillet en entrant. La comtesse, chez qui l'usage du monde et la liberté que lui laissait Félix avaient développé l'esprit et la finesse, encore comprimés chez sa sœur par le despotisme marital qui continuait celui de sa mère, aperçut chez Eugénie une terreur prête à se trahir et la sauva par une réponse franche.

— Je croyais ma sœur plus riche qu'elle ne l'est, répondit la comtesse en regardant son beau-frère. Les femmes sont parfois dans des embarras dont elle ne veulent pas ennuyer leurs maris, comme Joséphine avec Napoléon, et je venais lui demander un service.

— Elle peut vous le rendre facilement, ma sœur. Angélique est très riche, répondit du Tillet avec une mielleuse aigreur.

— Elle ne l'est que pour vous, mon frère, répliqua la comtesse.

— Que vous faut-il ? dit du Tillet qui n'était pas fâché d'enlacer sa belle-sœur.

— Nigaud, ne vous ai-je pas dit que nous ne voulons pas nous commettre avec nos maris, répondit sagement madame de Vandenesse en comprenant qu'elle se mettait à la merci de l'homme dont heureusement sa sœur venait de lui faire le portrait. Je viendrai chercher ma sœur demain.

—Demain, répondit froidement le banquier, non. Madame du Tillet dîne demain chez un futur pair de France, le baron de Nucingen, qui me laisse sa place à la Chambre des députés.

— Ne lui permettrez-vous pas d'accepter ma loge à l'Opéra? dit la comtesse sans même échanger un regard avec sa sœur, tant elle craignait de la voir trahir leur sûreté.

— Elle a la sienne, ma sœur, dit du Tillet piqué.

— Eh bien ! je l'y verrai ! répliqua la comtesse.

— Ce sera la première fois, dit du Tillet, que vous nous ferez cet honneur.

La comtesse sentit le reproche et se mit à rire.

— Soyez tranquille, on ne vous fera rien payer cette fois-ci, dit-elle. Adieu, ma chérie.

— L'impertinente ! s'écria du Tillet en ramassant les fleurs tombées de la coiffure de la comtesse. Vous devriez, dit-il à sa femme, étudier cela. Je vous voudrais dans le monde impertinente comme votre sœur vient de l'être ici. Vous avez un air bourgeois et niais qui me désole. Ah ça ! madame, qu'avez-vous donc fait toutes deux ici ? dit-il après une pause en lui montrant les fleurs. Que se passe-t-il pour que votre sœur vienne demain dans votre loge ?

La pauvre ilote se rejeta sur une envie de dormir et sortit pour se faire déshabiller, en craignant un interrogatoire. Du Tillet prit sa femme par le bras, la ramena devant lui sous le feu des bougies qui flambaient, dans des bras de vermeil, deux délicieux bouquets de fleurs nouées et il plongea son regard clair dans les yeux de sa femme.

— Votre sœur est venue pour emprunter quarante mille francs que doit son amant, qui dans trois jours sera coffré comme une chose précieuse, rue de Clichy...

La pauvre femme fut saisie par un tremblement nerveux qu'elle réprima.

— Vous m'avez effrayé! dit-elle. Mais ma sœur est trop bien élevée, elle aime trop son mari pour avoir un amant.

— Au contraire, répondit-il sèchement, les filles élevées comme vous l'avez été, dans la contrainte et les pratiques religieuses, ont soif de la liberté, désirent le bonheur, et le bonheur dont elles jouissent n'est jamais aussi grand ni aussi beau que celui qu'elles ont rêvé. De pareilles filles font de mauvaises femmes.

— Parlez pour moi, dit la pauvre Eugénie avec un ton de raillerie amère, mais respectez ma sœur. La comtesse de Vandenesse est trop heureuse, son mari la laisse trop libre pour qu'elle ne lui soit pas attachée. D'ailleurs, si votre supposition était vraie, elle ne me l'aurait pas dit.

— Cela est, dit du Tillet. Je vous défends de faire quoique ce soit dans cette affaire. Il est dans mes intérêts que cet homme aille en prison. Tenez-vous-le pour dit.

Madame du Tillet sortit.

— Elle me désobéira sans doute, et je pourrai savoir tout ce qu'elles feront en les surveillant, se dit du Tillet. Ces pauvres sottes veulent lutter avec nous.

La confidence faite à madame du Tillet par madame Félix de Vandenesse tenait à tant de points de son histoire depuis six ans, qu'elle serait inintelligible rapportée autrement qu'en un récit succinct.

CHAPITRE III.

HISTOIRE D'UNE FEMME HEUREUSE.

Parmi les hommes remarquables qui dûrent leur destinée à la restauration et que, malheureusement pour elle, elle mit avec Martignac en dehors des secrets du gouvernement, on comptait Félix de Vandenesse, déporté comme plusieurs autres à la chambre des pairs aux derniers jours de Charles X. Cette disgrâce, quoique momentanée à ses yeux, le fit songer au mariage, vers lequel il fut conduit, comme beaucoup d'hommes le sont, par une sorte de dégoût pour les aventures galantes, ces folles fleurs de la jeunesse. Dans la vie sociale, il est un moment suprême où elle apparaît dans sa gravité. Félix de Vandenesse avait été tour-à-tour heureux et malheureux, plus souvent malheureux qu'heureux, comme les hommes qui, dès leur début dans le monde, ont rencontré l'amour sous sa plus belle forme. Ces privilégiés deviennent difficiles; mais, après avoir expérimenté la vie et comparé les caractères, ils arrivent à se contenter d'un à peu près et se réfugient dans une indulgence absolue. On ne les trompe point, et ils ne se détrompent plus, ils mettent de la grace à leur résignation; enfin ils s'attendent à tout, ils souffrent moins.

Cependant Félix pouvait encore passer pour un des plus jolis et des plus agréables hommes de Paris. Il avait été surtout recommandé auprès des femmes par une des plus nobles créatures de ce siècle, morte, disait-on, de douleur et d'amour pour lui : mais il avait été formé spécialement par la belle lady Dudley. Aux yeux de beaucoup de Parisiennes, Félix fut donc un héros de roman, et il avait dû plusieurs conquêtes à tout le mal qu'on disait de lui. Madame de Manerville avait clos la liste de ses aventures. Sans être un don Juan, il remportait du monde amoureux le désenchantement qu'il remportait du monde politique. Cet idéal de la femme et de la passion, dont pour son malheur le type avait éclairé, dominé sa jeunesse, il désespérait de jamais le rencontrer.

Le comte Félix était ainsi vers trente ans, époque de sa vie où il résolut d'en finir avec les ennuis de ses félicités par un mariage. Sur ce point, il était fixé : il voulait une jeune fille élevée dans les données les plus sévères du catholicisme. Il lui suffit d'apprendre comment la comtesse de Grandville tenait ses filles pour rechercher la main de l'aînée. Il avait, lui aussi, subi le despotisme d'une mère, il se souvenait encore assez de sa cruelle jeunesse pour reconnaître, à travers les dissimulations de la pudeur féminine, en quel état le joug aurait mis le cœur d'une jeune fille : s'il était aigri, chagrin, révolté; s'il était demeuré paisible, aimable, prêt à s'ouvrir aux beaux sentimens. La tyrannie produit deux effets contraires dont les symboles existent dans deux grandes figures de l'esclavage antique : Epictète et Spartacus, la haine et ses sentimens mauvais, la résignation et ses tendresses chrétiennes. Le comte de Vandenesse se reconnut dans Marie-Angélique de Grandville.

En prenant pour femme une jeune fille naïve, innocente et pure, il avait résolu d'avance, en jeune vieillard qu'il était, de mêler le sentiment paternel au sentiment conjugal. Il se sentait le cœur desséché par le monde et par la politique : il savait qu'en échange d'une vie adolescente il allait donner le reste d'une vie usée; qu'à côté des fleurs de printemps il mettrait les glaces de l'hiver, l'expérience chenue auprès de la pimpante, de l'insouciante imprudence. Après avoir ainsi jugé sainement sa position, il se cantonna dans ses quartiers conjugaux avec d'amples provisions. L'indulgence et la confiance furent les deux ancres sur lesquelles il s'amarra. Les mères de famille devraient rechercher de pareils hommes pour leurs filles : l'esprit est protecteur comme la Divinité, le désenchantement est perspicace comme un chirurgien, l'expérience est prévoyante comme une mère. Ces trois sentimens sont les vertus théologales du mariage.

Les recherches, les délices que ses habitudes

d'homme à bonnes fortunes et d'homme élégant avaient apprises à Félix de Vandenesse, les enseignemens de la haute politique, les observations de sa vie tour-à-tour occupée, pensive, littéraire, toutes ses forces furent employées à rendre sa femme heureuse, et il y appliqua son esprit. Au sortir du purgatoire maternel, Marie-Angélique monta tout-à-coup au paradis conjugal que lui avait élevé Félix, rue du Rocher, dans un hôtel où les moindres choses avaient un parfum d'aristocratie, mais où le vernis de la bonne compagnie ne gênait pas cet harmonieux laissez-aller que souhaitent les cœurs aimans et jeunes.

Marie-Angélique savoura d'abord les jouissances de la vie matérielle dans leur entier. Son mari se fit pendant deux ans son intendant. Félix lui expliqua lentement et avec beaucoup d'art les choses de la vie, l'initia par degrés aux mystères de la haute société, lui apprit les généalogies de toutes les maisons nobles, lui enseigna le monde, la guida dans l'art de la toilette et de la conversation, la mena de théâtre en théâtre, lui fit faire un cours de littérature et d'histoire. Il acheva son éducation avec un soin d'amant, de père, de maître et de mari ; mais avec une sobriété bien entendue, il ménageait les jouissances et les leçons, sans détruire les idées religieuses. Enfin, il s'acquitta de son entreprise en grand maître.

Au bout de quatre années, il eut le bonheur d'avoir formé dans la comtesse de Vandenesse une des femmes les plus aimables et les plus remarquables du temps actuel. Marie-Angélique éprouvait précisément pour Félix le sentiment que Félix souhaitait de lui inspirer : une amitié vraie, une reconnaissance bien sentie, un amour fraternel qui se mélangeait à propos de tendresse noble et digne comme elle doit être entre mari et femme. Elle était mère, et bonne mère.

Félix s'attachait donc sa femme par tous les liens possibles sans avoir l'air de la garrotter, comptant pour être heureux sans nuage sur les attraits de l'habitude.

Il n'y a que les hommes rompus au manége de la vie et qui ont parcouru le cercle des désillusionnemens politiques et amoureux, pour avoir cette science et se conduire ainsi. Félix trouvait d'ailleurs dans son œuvre les plaisirs que rencontrent dans leurs créations les peintres, les écrivains, les architectes qui élèvent des monumens. Il jouissait doublement en s'occupant de l'œuvre et en voyant le succès, en admirant sa femme instruite et naïve, spirituelle et naturelle, aimable et chaste, jeune fille et mère, parfaitement libre et enchaînée.

L'histoire des bons ménages est comme celle des peuples heureux, elle s'écrit en deux lignes et n'a rien de littéraire. Aussi, comme le bonheur ne s'explique que par lui-même, ces quatre années ne peuvent-elles rien fournir qui ne soit tendre comme le gris de lin des éternelles amours, fade comme la manne, et amusant comme le roman de l'*Astrée*.

En 1833, l'édifice de bonheur cimenté par Félix fut près de crouler, miné dans ses bases, sans qu'il s'en doutât. Le cœur d'une femme de vingt-cinq ans n'est pas plus celui de la jeune fille de dix-huit, que celui de la femme de quarante n'est celui de la femme de trente ans. Il y a quatre âges dans la vie des femmes. Chaque âge crée une nouvelle femme. Vandenesse connaissait sans doute les lois de ces transformations dues à nos mœurs modernes; mais il les oublia pour son propre compte, comme le plus fort grammairien peut oublier les règles en composant un livre; comme sur le champ de bataille, au milieu du feu, pris dans les accidens d'un site, le plus grand général oublie une règle absolue de l'art militaire. L'homme qui peut empreindre perpétuellement la pensée dans le fait est un homme de génie; mais l'homme qui a le plus de génie ne le déploie pas à tous les instans, il ressemblerait trop à Dieu. Après quatre ans de cette vie, sans un choc d'ame, sans une parole qui produisît la moindre discordance dans ce suave concert de sentiment, en se sentant parfaitement développée comme une belle plante dans un bon sol, sous les caresses d'un beau soleil qui rayonnait au milieu d'un éther constamment azuré, la comtesse eut comme un retour sur elle-même.

Cette crise de sa vie, l'objet de cette scène, serait incompréhensible sans des explications qui peut-être atténueront, aux yeux des femmes, les torts de cette jeune comtesse, aussi heureuse femme qu'heureuse mère, et qui doit, au premier abord, paraître sans excuse. La vie résulte du jeu de deux principes opposés : quand l'un manque, l'être souffre. Vandenesse, en satisfaisant à tout, avait supprimé le désir, ce roi de la création qui emploie une somme énorme des forces morales. L'extrême chaleur, l'extrême malheur, le bonheur complet, tous les principes absolus trônent sur des espaces dénués de productions; ils sont seuls, ils étouffent tout ce qui n'est pas eux. Vandenesse n'était pas femme, et les femmes seules connaissent l'art de varier la félicité. De là, procèdent leur coquetterie, leurs refus, leurs craintes, leurs querelles, et les savantes, les spirituelles niaiseries par lesquelles elles mettent le lendemain en question ce qui n'offrait aucune difficulté la veille. Les hommes peuvent fatiguer de leur constance, les femmes jamais.

Vandenesse était une nature trop complètement bonne pour tourmenter par parti pris une femme aimée; il la jeta dans l'infini le plus bleu, le moins nuageux de l'amour. Le problème de la béatitude éternelle est un de ceux dont Dieu s'est réservé la solution dans l'autre vie; mais ici-bas, des poëtes sublimes ont éternellement ennuyé leurs lecteurs en abordant la peinture du paradis. L'écueil de Dante fut aussi l'écueil de Vandenesse : honneur au courage malheureux! Sa femme finit par trouver quelque monotonie dans un Éden aussi bien arrangé. Ce parfait bonheur que la première femme a éprouvé dans le Paradis Terrestre lui donna les nausées que donne à la longue l'emploi des choses douces, et fit souhaiter à la comtesse, comme à Rivarol lisant Florian, de rencontrer quelque loup dans la bergerie. Ceci, de tout temps, a semblé le sens du serpent emblématique auquel Eve s'adressa probablement par ennui. Cette morale pourrait paraître hasardée aux yeux des protestans qui prennent la Genèse plus au sérieux que ne la prennent les Juifs eux-mêmes, la situation de madame de Vandenesse s'expliquera donc sans figures bibliques.

La comtesse se sentait dans l'ame une force immense sans emploi. Son bonheur ne la faisait pas souffrir, il allait sans soins ni inquiétudes, elle ne tremblait point de le perdre, il était toujours là, se produisait tous les matins avec le même bleu, le même sourire, la même parole charmante. Ce lac pur n'était ridé par aucun souffle, pas même par le zéphir : elle aurait voulu voir onduler cette glace. Son désir comportait je ne sais quoi d'enfantin qui devait la faire excuser, mais la société n'est pas plus indulgente que ne le fut le Dieu de la Genèse. La comtesse, devenue spirituelle, comprenait admirablement que ce sentiment devait offenser son *cher petit mari*, elle trouvait horrible de le lui confier. Dans sa simplicité, elle n'avait pas inventé d'autre mot d'amour, elle n'était pas arrivée à cette délicieuse langue d'exagération que l'amour apprend à ses victimes au milieu des flammes de l'autel.

Vandenesse, heureux de cette adorable réserve, maintenait par ses savans calculs sa femme dans les régions tempérées de l'amour conjugal. Ce mari modèle trouvait, d'ailleurs, indignes d'une ame noble les ressources du charlatanisme qui l'eussent grandi, qui lui eussent valu des récompenses de cœur, il voulait plaire par lui-même et ne rien devoir aux artifices de la fortune. La comtesse Marie souriait en voyant au bois un équipage incomplet ou mal attelé; ses yeux se reportaient alors complaisamment sur le sien dont les chevaux avaient une tenue anglaise, étaient libres dans leurs harnais, chacun à sa distance. Félix ne descendait pas jusqu'à ramasser les bénéfices des peines qu'il se donnait; sa femme trouvait son luxe et son bon goût naturels;

elle ne lui savait aucun gré de ce qu'elle n'éprouvait aucune souffrance d'amour-propre. Il en était de tout ainsi. La bonté n'est pas sans écueils : on l'attribue au caractère, on veut rarement y reconnaître les efforts secrets d'une belle ame, tandis qu'on récompense les gens méchans du mal qu'ils ne font pas.

Vers cette époque, madame Félix de Vandenesse était arrivée à un degré d'instruction mondaine qui lui permit de quitter le rôle assez insignifiant de comparse timide, observatrice, écouteuse, que joua, dit-on, pendant quelque temps, Giulia Grisi dans les chœurs au théâtre de la Scala. La jeune comtesse se sentait capable d'aborder l'emploi de prima donna, elle s'y hasarda plusieurs fois. Au grand contentement de Félix, elle se mêla aux conversations. D'ingénieuses réparties et de fines observations semées dans son esprit par son commerce avec son mari la firent remarquer, et le succès l'enhardit. Vandenesse, à qui on avait accordé que sa femme était jolie, fut enchanté quand elle parut spirituelle.

Au retour du bal, du concert, du raoût où Marie avait brillé, quand elle quittait ses atours, elle prenait un petit air joyeux et délibéré pour dire à Félix : — Avez-vous été content de moi ce soir ?

La comtesse excita quelques jalousies, entre autres celle de la sœur de son mari, la marquise de Listomère, qui jusqu'alors l'avait patronnée, en croyant protéger une ombre destinée à la faire ressortir. Une comtesse, du nom de Marie, belle, spirituelle et vertueuse, musicienne et peu coquette, quelle proie pour le monde ! Félix de Vandenesse comptait dans la société plusieurs femmes avec lesquelles il avait rompu ou qui avaient rompu avec lui, mais qui ne furent pas indifférentes à son mariage. Quand ces femmes virent dans madame de Vandenesse une petite femme à mains rouges, assez embarrassée d'elle, parlant peu, n'ayant pas l'air de penser beaucoup, elles se crurent suffisamment vengées.

Les désastres de juillet 1830 vinrent, la société fut dissoute pendant deux ans, les gens riches allèrent durant la tourmente dans leurs terres ou voyagèrent en Europe, et les salons ne s'ouvrirent guère qu'en 1833. Le faubourg Saint-Germain bouda, mais il considéra quelques maisons, celle entre autres de l'ambassadeur d'Autriche, comme des terrains neutres : la société légitimiste et la société nouvelle s'y rencontrèrent représentées par leurs sommités les plus élégantes.

Attaché par mille liens de cœur et de reconnaissance à la famille exilée, mais fort de ses convictions, Vandenesse ne se crut pas obligé d'imiter les niaises exagérations de son parti. Dans le danger, il avait fait son devoir au péril de ses jours en traversant les flots populaires pour proposer des transactions. Il mena donc sa femme dans le monde où sa fidélité ne pouvait jamais être compromise. Les anciennes amies de Vandenesse retrouvèrent difficilement la nouvelle mariée dans l'élégante, la spirituelle, la douce comtesse qui se produisit elle-même avec les manières les plus exquises de l'aristocratie féminine. Mesdames d'Espard, de Manerville, lady Dudley, quelques autres moins connues, sentirent au fond de leur cœur des serpens se réveiller, elles entendirent les sifflemens flûtés de l'orgueil en colère; elles furent jalouses du bonheur de Félix; elles auraient volontiers donné leurs plus jolies pantoufles pour qu'il lui arrivât malheur.

Au lieu d'être hostiles à la comtesse, ces bonnes mauvaises femmes l'entourèrent, lui témoignèrent une excessive amitié, la vantèrent aux hommes. Suffisamment édifié sur leurs intentions, Félix surveilla leurs rapports avec Marie en lui disant de se défier d'elles. Toutes devinèrent les inquiétudes que leur commerce causait au comte, elles ne lui pardonnèrent point sa défiance et redoublèrent de soins et de prévenances pour leur rivale à laquelle elles firent un succès énorme au grand déplaisir de la marquise de Listomère qui n'y comprenait rien. On citait la comtesse Félix de Vandenesse comme la plus charmante, la plus spirituelle femme de Paris.

L'autre belle-sœur de Marie, la marquise Charles de Vandenesse, éprouvait mille désappointemens à cause de la confusion que le même nom produisait parfois et des comparaisons qu'il occasionnait. Quoique la marquise fût aussi très belle femme et très spirituelle, ses rivales lui opposaient d'autant mieux sa belle-sœur que la comtesse était de douze ans moins âgée.

Ces femmes savaient combien d'aigreur le succès de la comtesse devrait mettre dans son commerce avec ses deux belles-sœurs qui devinrent froides et désobligeantes pour la triomphante Marie-Angélique. Ce fut de dangereuses parentes, d'intimes ennemies.

Chacun sait que la littérature se défendait alors contre l'insouciance générale engendrée par le drame politique, en produisant des œuvres plus ou moins byroniennes, où il n'était question que des délits conjugaux. En ce temps, les infractions aux contrats de mariage défrayaient les Revues, les Livres et le Théâtre. Cet éternel sujet fut plus que jamais à la mode. L'amant, ce cauchemar des maris, était partout, excepté peut-être dans les ménages, où il donnait à cette bourgeoise époque moins qu'en aucun temps. Est-ce quand tout le monde court à ses fenêtres, crie : à la garde ! éclaire les rues que les voleurs s'y promènent ? Si, durant ces années fertiles en agitations urbaines, politiques et morales, il y eut des catastrophes matrimoniales, elles constituèrent des exceptions qui ne furent pas autant remarquées que sous la restauration. Néanmoins, les femmes causaient beaucoup entre elles de ce qui occupait alors les deux formes de la poésie : le Livre et le Théâtre. Il était souvent question de l'amant, cet être si rare et si souhaité. Les aventures connues donnaient matière à des discussions, et ces discussions étaient comme toujours soutenues par des femmes irréprochables. Un fait digne de remarque est l'éloignement que manifestent pour ces sortes de conversations les femmes qui jouissent d'un bonheur illégal : elles gardent dans le monde une contenance prude, réservée et presque timide ; elles ont l'air de demander le silence à chacun, ou pardon de leur plaisir à tout le monde. Quand, au contraire, une femme se plaît à entendre parler de catastrophes, se laisse expliquer les voluptés qui justifient les coupables, croyez qu'elle est dans le carrefour de l'indécision, et ne sait quel chemin prendre.

Pendant cet hiver, la comtesse de Vandenesse entendit mugir à ses oreilles la grande voix du monde, le vent des orages siffla autour d'elle. Ses prétendues amies, qui dominaient leur réputation de toute la hauteur de leurs noms et de leurs positions, lui dessinèrent à plusieurs reprises la séduisante figure de l'amant et lui jetèrent dans l'ame des paroles ardentes sur l'amour, le mot de l'énigme que la vie offre aux femmes, la grande passion, suivant madame de Staël qui prêcha d'exemple. Quand la comtesse demandait naïvement en petit comité quelle différence il y avait entre un amant et un mari, jamais une des femmes qui souhaitaient quelque malheur à Vandenesse ne faillait à lui répondre de manière à piquer sa curiosité, à solliciter son imagination, à frapper son cœur, à intéresser son ame.

— On vivotte avec son mari, ma chère, on ne vit qu'avec son amant, lui disait sa belle-sœur, la marquise de Vandenesse.

— Le mariage, mon enfant, est notre purgatoire, l'amour est le paradis, disait Lady Dudley.

— Ne la croyez pas, s'écriait la duchesse de Grandlieu, c'est l'enfer.

— Mais c'est un enfer où l'on aime, faisait observer la marquise de Rocheaude. On a souvent plus de plaisir dans la souffrance que dans le bonheur : voyez les martyrs.

— Avec un mari, petite niaise, nous vivons pour ainsi dire de notre vie; mais aimer, c'est vivre de la vie d'un autre, lui disait la marquise d'Espard.

— Un amant, c'est le fruit défendu, mot qui pour moi résume tout, disait en riant la jolie Moïna de Saint-Hérem.

Quand elle n'allait pas à des raoûts diplomatiques ou au bal chez quelques riches étrangers, comme lady Dudley ou la princesse Galatihonne, la comtesse allait presque tous les soirs dans le monde, après les Italiens ou l'Opéra, soit chez la marquise d'Espard, soit chez madame de Listomère, la comtesse de Montcornet ou la vicomtesse de Grandlieu, les seules maisons aristocratiques ouvertes, et jamais elle n'en sortait sans que de mauvaises graines n'eussent été semées dans son cœur. On lui parlait de compléter sa vie, un mot à la mode dans ce temps-là ; d'être comprise, autre mot auquel les femmes donnent d'étranges significations. Elle revenait chez elle inquiète, émue, curieuse, pensive. Elle trouvait je ne sais quoi de moins dans sa vie, mais elle n'allait pas jusqu'à la voir déserte.

CHAPITRE IV.

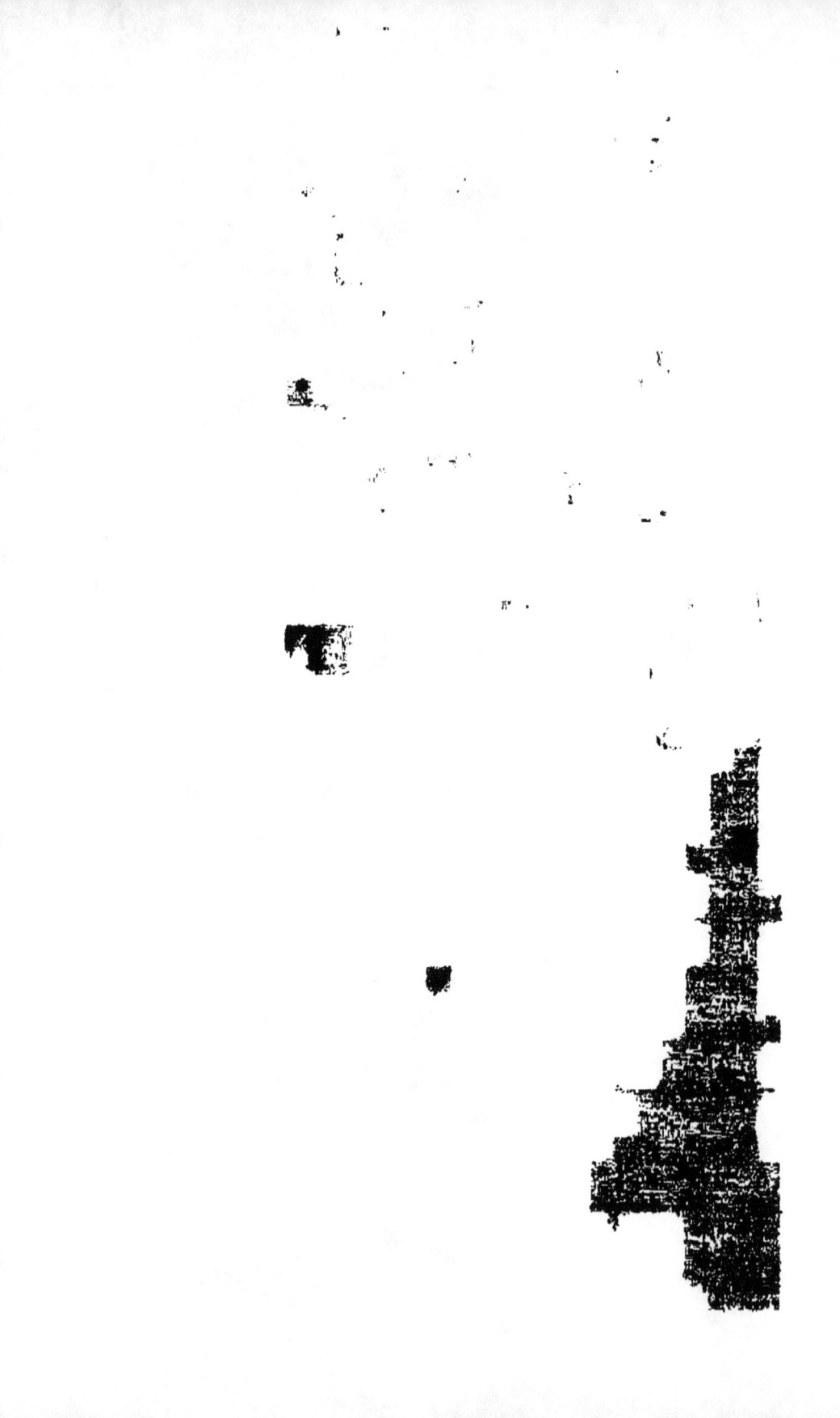

UN HOMME CÉLÈBRE.

La société la plus amusante, mais la plus mêlée des salons où allait madame Félix de Vandenesse, se trouvait chez la comtesse de Montcornet, charmante petite femme qui recevait les artistes illustres, les sommités de la finance, les écrivains distingués, mais après les avoir soumis à un si sévère examen, que les plus difficiles en fait de bonne compagnie n'avaient pas à craindre d'y rencontrer qui que ce soit de la société secondaire. Les plus grandes prétentions y étaient en sûreté. Pendant l'hiver où la société s'était ralliée, quelques salons, au nombre desquels étaient ceux de mesdames d'Espard, de Listomére et de la duchesse de Grandlieu, avaient recruté parmi les célébrités nouvelles de l'art, de la science, de la littérature et de la politique. La société ne perd jamais ses droits, elle veut toujours être amusée. A un concert donné par la comtesse, vers la fin de l'hiver, apparut chez elle une des illustrations contemporaines de la littérature et de la politique, Raoul Nathan, présenté par un des écrivains les plus spirituels mais les plus paresseux de l'époque, Alfred Blondet, autre homme célèbre, mais à huis clos, vanté par les journalistes, mais inconnu au-delà des barrières. Blondet le savait. D'ailleurs, il ne se faisait aucune illusion. Entre autres paroles de mépris, il a dit que la gloire est un poison bon à prendre par petites doses.

Depuis le moment où il s'était fait jour après avoir long-temps lutté, Raoul Nathan avait profité du subit engoûment que manifestèrent pour la forme ces élégans sectaires du moyen âge, si plaisamment nommés Jeune-France. Il s'était donné les singularités d'un homme de génie en s'enrôlant parmi ces adorateurs de l'art dont les intentions furent d'ailleurs excellentes : rien de plus ridicule que le costume des Français au dix-neuvième siècle. Il y avait du courage à le renouveler. Raoul, rendons-lui cette justice, offre dans sa personne je ne sais quoi de grand, de fantasque et d'extraordinaire, qui veut un cadre. Ses ennemis ou ses amis, les uns valent les autres, conviennent que rien au monde ne concorde mieux avec son esprit que sa forme. Raoul Nathan serait peut-être plus singulier au naturel qu'il ne l'est avec ses accompagnemens. Sa figure ravagée, détruite, lui donne l'air de s'être battu avec les anges ou les démons, elle ressemble à celle que les peintres allemands attribuent au Christ mort : il y paraît mille signes d'une lutte constante entre la faible nature humaine et les puissances d'en haut. Mais les rides creuses de ses joues, les redans de son crâne tortueux et sillonné, les salières qui marquent ses yeux et ses tempes, n'indiquent rien de débile dans sa constitution. Ses membranes dures, ses os apparens ont une solidité remarquable ; et quoique sa peau, tannée par des excès, s'y colle comme si des feux intérieurs l'avaient desséchée, elle n'en couvre pas moins une formidable charpente. Il est maigre et grand. Sa chevelure longue et toujours en désordre vise à l'effet. Ce Byron mal peigné, mal construit, a des jambes de héron, des genoux engorgés, une cambrure exagérée, des mains cordées de muscles, fermes comme les pattes d'un crabe, à doigts maigres et nerveux. Raoul a des yeux napoléoniens, des yeux bleus dont le regard traverse l'ame, un nez tourmenté, plein de finesse, une charmante bouche, embellie par les dents les plus blanches, que puisse souhaiter une femme. Il y a du mouvement et du feu dans cette tête, et du génie sur ce front. Raoul appartient au petit nombre d'hommes qui vous frappent au passage, qui dans un salon forment aussitôt un point lumineux où vont tous les regards. Il se fait remarquer par son négligé, s'il est permis d'emprunter à Molière le mot employé par Éliante pour peindre *le malpropre sur soi*. Ses vêtemens semblent toujours avoir été tordus, fripés, recroquevillés exprès pour s'harmonier à sa physionomie. Il tient habituellement l'une de ses mains dans son gilet ouvert, dans une pose que le portrait de monsieur de Châteaubriand par Girodet a rendue célèbre; mais il la prend moins pour lui ressembler, il ne veut ressembler à personne, que pour déflorer les plis réguliers de sa chemise. Sa cravate est en un moment roulée sous les convulsions de ses mouvemens de tête, qu'il a remarquablement brusques et vifs comme ceux des chevaux de race qui s'impatientent dans leurs harnais et relèvent constamment la tête pour se débarrasser de leurs mors ou de leurs gourmettes. Sa barbe longue et pointue n'est ni peignée, ni parfumée, ni brossée, ni lissée comme le sont celles des élégans qui portent la barbe en éventail ou en pointe : il la laisse comme elle est. Ses cheveux, mêlés entre le collet de son habit et sa cravate, luxurians sur les épaules, graissent les places qu'ils caressent. Ses mains sèches et filandreuses ignorent les soins de la brosse à ongles et le luxe du citron. Plusieurs feuilletonistes prétendent que les eaux lustrales ne rafraîchissent pas souvent leur peau calcinée. Enfin le terrible Raoul est grotesque. Ses mouvemens sont saccadés comme s'ils étaient produits par une mécanique imparfaite. Sa démarche froisse toute idée d'ordre par des zigszags enthousiastes, par des suspensions inattendues qui lui font heurter les bourgeois pacifiques en promenade sur les boulevards de Paris.

Sa conversation, pleine d'humeur caustique, d'épigrammes âpres, imite l'allure de son corps : elle quitte subitement le ton de la vengeance et devient suave, poétique, consolante, douce, hors de propos ; elle a des silences inexplicables, des soubresauts d'esprit qui fatiguent parfois. Il apporte dans le monde une gaucherie hardie, un dédain des conventions, un air de critique pour tout ce qu'on y respecte, qui le met mal avec les petits esprits comme avec ceux qui s'efforcent de conserver les doctrines de l'ancienne politesse; mais c'est quelque chose d'original comme les créations chinoises, et que les femmes ne haïssent pas. D'ailleurs, pour elles, il se montre souvent d'une amabilité recherchée, il semble se complaire à faire oublier ses formes bizarres, à remporter sur les antipathies une victoire qui flatte sa vanité, son amour-propre ou son orgueil.

— Pourquoi êtes-vous comme cela? lui dit un jour la marquise de Vandenesse.

— Les perles ne sont-elles pas dans des écailles? répondit-il fastueusement.

A un autre qui lui adressait la même question, il répondit : — Si j'étais bien pour tout le monde, comment pourrais-je paraître mieux à une personne choisie entre toutes.

Raoul Nathan porte dans sa vie intellectuelle le désordre qu'il prend pour enseigne. Son aunonce n'est pas menteuse : son talent ressemble à celui de ces pauvres filles qui se présentent dans les maisons bourgeoises pour tout faire : il fut d'abord critique et grand critique, mais il trouva de la duperie à ce métier. Ses articles valaient des livres, disait-il. Les revenus du théâtre l'avaient séduit ; mais incapable du travail lent et soutenu que veut la mise en scène, il avait été obligé de s'associer à un vaudevilliste, à du Bruel qui mettait en œuvre ses idées et les avait toujours réduites en petites pièces productives, pleines d'esprit, toujours faites pour des acteurs ou pour des actrices. A eux deux, ils avaient inventé Florine, une actrice à recette. Humilié de cette association, semblable à celle des frères siamois, Nathan avait produit à lui seul au Théâtre-Français un grand drame tombé avec tous les honneurs de la guerre, aux salves d'articles foudroyans. Dans sa jeunesse, il avait déjà tenté le grand, le noble Théâtre-Français par une magnifique pièce romantique dans le genre de *Pinto*, à une époque où le classique régnait en maître ; et l'Odéon avait été si rudement agité pendant trois soirées que la pièce fut défendue. Aux yeux de beaucoup de gens, cette seconde pièce passait comme la première pour un chef-d'œuvre, et lui valait plus de réputation que toutes les pièces si productives, faites avec ses collaborateurs, mais dans un monde peu écouté, celui des connaisseurs et des vrais gens de goût.

— Encore une chute semblable, lui dit Alfred Blondet, et tu es immortel.

Mais au lieu de marcher dans cette voie difficile, Nathan était retombé par nécessité dans la poudre et les mouches du vaudeville dix-huitième siècle, dans la pièce à costumes, et la réimpression scénique des livres à succès.

Néanmoins, il passait pour un grand esprit qui n'avait pas donné son dernier mot. Il avait d'ailleurs abordé la haute littérature et publié trois romans sans compter ceux qu'il entretenait sous presse, comme des poissons dans un vivier. L'un de ces trois livres, le premier, comme chez plusieurs écrivains qui n'ont pu faire qu'un premier ouvrage, avait obtenu le plus brillant succès. Cette œuvre, imprudemment mise en première ligne, œuvre d'artiste, il la faisait appeler à tout propos le plus beau livre de l'époque, l'unique roman du siècle. Il se plaignait d'ailleurs beaucoup des exigences de l'art, il était un de ceux qui contribuèrent le plus à faire ranger toutes les œuvres, le tableau, la statue, le livre, l'édifice, sous la bannière unique de l'art. Il avait commencé par commettre un livre de poésies qui lui méritait une place à la pléiade des poètes actuels, et dans lequel se trouvait un poème nébuleux assez admiré. Tenu de produire par son manque de fortune, il allait du Théâtre à la Presse, et de la Presse au Théâtre, se dissipant, s'éparpillant et croyant toujours en sa veine. Sa gloire n'était donc pas inédite comme celle de plusieurs célébrités à l'agonie, soutenues par les titres d'ouvrages à faire, lesquels n'auront pas autant d'éditions qu'ils ont nécessité de marchés; il semblait capable, et s'il eût marché à l'échafaud, comme l'envie lui en prit, il aurait pu se frapper le front à la manière d'André de Chénier. Saisi d'une ambition politique en voyant l'irruption au pouvoir d'une douzaine d'auteurs, de professeurs, de métaphysiciens et d'historiens qui s'incrustèrent dans la machine pendant les tourmentes de 1830 à 1833, il regretta de ne pas avoir fait de articles politiques au lieu d'articles littéraires. Il se croyait supérieur à ces parvenus dont la fortune lui inspirait alors une dévorante jalousie. Il appartenait à ces esprits, jaloux de tout, capables de tout, à qui l'on vole tous les succès, et qui vont se heurtant à mille endroits lumineux sans se fixer à un seul, épuisant toujours la volonté du voisin. En ce moment, il allait du saint-simonisme au républicanisme, pour revenir peut-être au ministérialisme. Il guettait son os à ronger dans tous les coins, et cherchait une place sûre d'où il pût aboyer à l'abri des coups et se rendre redoutable : mais il avait la honte de ne pas se voir prendre au sérieux par l'illustre de Marsay qui dirigeait alors le gouvernement, et qui n'avait aucune considération pour les auteurs chez lesquels il ne trouvait pas ce que Richelieu nommait l'esprit de suite, ou mieux de la suite dans les idées. D'ailleurs tout ministère eût compté sur le dérangement continuel des affaires de Raoul. Tôt ou tard, la nécessité devait l'amener à subir des conditions au lieu d'en imposer.

Le caractère réel et soigneusement caché de Raoul concorde à son caractère public. Il est comédien de bonne foi, personnel comme si l'État fût *lui*, et très habile déclamateur. Nul ne sait mieux jouer les sentimens, se targuer de grandeurs fausses, se parer de beautés morales, se respecter en paroles, et se poser comme un Alceste en agissant comme Philinte. Son égoïsme trotte à couvert de cette armure en carton peint, et touche souvent au but caché qu'il se propose.

Paresseux au superlatif, il n'a rien fait que piqué par les hallebardes de la nécessité. La continuité du travail, appliqué à la création d'un monument, il l'ignore; mais dans le paroxisme de rage que lui ont causé ses vanités blessées, ou dans un moment de crise amené par le créancier, il saute l'Eurotas, il triomphe des plus difficiles escomptes de l'esprit. Puis fatigué, surpris d'avoir créé quelque chose, il retombe dans le marasme des jouissances parisiennes. Le besoin se représente formidable, il est sans force, il descend et se compromet. Mû par une fausse idée de sa grandeur et de son avenir, dont il prend mesure sur la haute fortune d'un de ses anciens camarades, un des rares talens ministériels mis en lumière par la révolution de juillet, pour sortir d'embarras il se permet, avec les personnes qui l'aiment, des barbarismes de conscience enterrés dans les mystères de la vie privée, mais dont personne ne parle ni ne se plaint. La banalité de son cœur, l'impudeur de sa poignée de main qui serre tous les vices, tous les malheurs, toutes les trahisons, toutes les opinions, l'ont rendu inviolable comme un roi constitutionnel. Le péché véniel, qui exciterait clameur de haro sur un homme d'un grand caractère, de lui n'est rien; un acte peu délicat est à peine quelque chose : tout le monde s'excuse en l'excusant. Celui même qui serait tenté de le mépriser lui tend la main en ayant peur d'avoir besoin de lui. Il a tant d'amis qu'il souhaite des ennemis.

Cette bonhomie apparente qui séduit les nouveaux venus et n'empêche aucune trahison, qui se permet et qui justifie tout, qui jette les hauts cris à une blessure et la pardonne, est un des caractères distinctifs du journaliste. Cette camaraderie, mot créé par un homme d'esprit, corrode les plus belles ames; elle rouille leur fierté, tue le principe des grandes œuvres; elle consacre la lâcheté de l'esprit. En exigeant cette mollesse de conscience chez tout le monde, certaines gens se ménagent l'absolution de leurs traîtrises, de leurs changemens de parti. Voilà comment la portion la plus éclairée d'une nation devient la moins estimable.

Jugé du point de vue littéraire, il manque à Nathan le style et l'instruction. Comme la plupart des jeunes ambitieux de la littérature, il dégorge aujourd'hui son instruction d'hier; il n'a ni le temps ni la patience d'écrire; il n'a pas observé, il a écouté. Incapable de construire un plan vigoureusement charpenté, peut-être se sauve-t-il par la fougue de son dessin. Il *faisait de la passion*, selon un mot de l'argot littéraire, parce qu'en fait de passion, tout est vrai; mais le génie doit chercher, à travers les hasards du vrai, ce qui l'est pour tout le monde. Au lieu de réveiller des idées, ses héros sont des individualités forgées qui n'excitent que de fugitives sympathies, ils ne se relient pas aux grands intérêts de la vie et dès lors ne représentent rien; mais il se soutient par la rapidité de son esprit, par ces bonheurs de rencontre que les joueurs de billards nomment des raccrocs. Il est le plus habile tireur au vol des idées qui s'abattent sur Paris, ou que Paris fait lever. Sa fécondité n'est pas à lui, mais à l'époque : il vit sur la circonstance, et pour la dominer il en outre la portée. Enfin il n'est pas vrai. Sa phrase est menteuse, il y a chez lui, comme le disait le comte Félix, du joueur de gobelets. Cette plume prend son encre dans le cabinet d'une actrice, on le sent.

Nathan offre une image de la jeunesse littéraire d'aujourd'hui, de ses fausses grandeurs et de ses misères réelles, il la représente avec ses beautés incorrectes et ses chutes profondes, sa vie à cascades bouillonnantes, à revers soudains, à triomphes inespérés. C'est bien l'enfant de ce siècle dévoré de jalousie, où mille rivalités à couvert sous des systèmes nourrissent à leur profit l'hydre de l'anarchie de tous leurs mécomptes, qui veut la fortune sans le travail, la gloire sans le talent et le succès sans peine; mais qu'après bien des rébellions, bien des escarmouches, ses vices amènent à émarger le budget sous le bon plaisir du pouvoir. Quand tant de jeunes ambitions sont parties à pied et se sont toutes donné rendez-vous au même point, il y a concurrence de volontés, misères inouïes, luttes acharnées. Dans cette bataille horrible, l'égoïsme le plus violent ou le plus adroit gagne la victoire. L'exemple est envié, justifié malgré les criailleries, dirait Molière; on le suit.

Quand, en sa qualité d'ennemi de la nouvelle dynastie, Raoul fut introduit dans le salon de madame de Montcornet, ses apparentes grandeurs florissaient. Il était accepté comme le critique politique des de Marsay, des Rastignac, des Laroche-Hugon arrivés au pouvoir. Victime de ses fatales hésitations, de sa répugnance pour l'action qui ne concernait que lui-même,

Alfred Blondet, l'introducteur de Nathan, continuait son métier de moqueur, ne prenait parti pour personne et tenait à tout le monde. Il était l'ami de Raoul, l'ami de Rastignac, l'ami de Montcornet.

— Tu es un triangle politique, lui disait en riant de Marsay, quand il le rencontrait à l'Opéra ; cette forme géométrique n'appartient qu'à Dieu qui n'a rien à faire, les ambitieux doivent aller en ligne courbe, le chemin le plus court en politique.

Vu à distance, Raoul Nathan était un très beau météore. La mode autorisait ses façons et sa tournure. Son républicanisme emprunté lui donnait momentanément cette âpreté janséniste que prennent les défenseurs de la cause populaire dont il se moquait intérieurement, et qui n'est pas sans charme aux yeux des femmes.

Les femmes aiment à faire des prodiges, à briser les rochers, à fondre les caractères qui paraissent être de bronze. La toilette du moral était donc alors chez Raoul en harmonie avec son vêtement. Il devait être et fut pour l'Ève, ennuyée de son paradis rue du Rocher, le serpent chatoyant, coloré, beau diseur, aux yeux magnétiques, aux mouvemens harmonieux qui perdit la première femme.

Dès que la comtesse Marie aperçut Raoul, elle éprouva ce mouvement intérieur dont la violence cause une sorte d'effroi. Ce grand homme eut sur elle par son regard une influence physique qui rayonna jusque dans son cœur en le troublant. Ce trouble lui fit plaisir. Ce manteau de pourpre que la célébrité drapait pour un moment sur ses épaules éblouit cette femme ingénue.

A l'heure du thé, Marie quitta la place où,

parmi quelques femmes occupées à causer, elle s'était tue en voyant cet être extraordinaire. Ce silence avait été remarqué par ses fausses amies. La comtesse s'approcha du divan carré placé au milieu du salon où pérorait Raoul. Elle se tint debout donnant le bras à madame Octave de Camps, excellente femme qui lui garda le secret sur les tremblemens involontaires par lesquels se trahissaient ses violentes émotions.

Quoique l'œil d'une femme éprise ou surprise laisse échapper d'incroyables douceurs, Raoul tirait en ce moment un véritable feu d'artifice, il était trop au milieu de ses épigrammes qui partaient comme des fusées, de ses accusations enroulées et déroulées comme des soleils, des flamboyans portraits qu'il dessinait en traits de feu, pour remarquer la naïve admiration d'une pauvre petite Ève, cachée dans le groupe de femmes qui l'entouraient. Cette curiosité, semblable à celle qui précipiterait Paris vers le Jardin-des-Plantes pour y voir une licorne, si l'on en trouvait une dans ces célèbres montagnes de la Lune encore vierges des pas d'un Européen, enivre les esprits secondaires autant qu'elle attriste les ames vraiment élevées, mais elle enchantait Raoul : il était donc trop à toutes les femmes pour être à une seule.

— Prenez-garde, ma chère, dit à l'oreille de Marie, sa gracieuse et adorable compagne. Allez-vous-en.

La comtesse regarda son mari pour lui demander son bras par une de ces œillades que les maris ne comprennent pas toujours : Félix l'emmena.

— Mon cher, dit madame d'Espard à l'oreille de Raoul, vous êtes un heureux coquin. Vous avez fait ce soir plus d'une conquête, mais entre autres celle de la charmante femme qui nous a si brusquement quittés.

— Sais-tu ce que la marquise d'Espard a voulu me dire; demanda Raoul à Blondet en lui rappelant le propos de cette grande dame quand ils furent à peu près seuls, entre une heure et deux du matin.

— Mais je viens d'apprendre que la comtesse de Vandenesse est tombée amoureuse folle de de toi. Tu n'es pas à plaindre.

— Je ne l'ai pas vue, dit Raoul.

— Oh! tu la verras, fripon, dit Alfred Blondet en éclatant de rire. Lady Dudley t'a engagé à son grand bal précisément pour que tu la rencontres.

Raoul et Blondet partirent ensemble avec Rastignac, qui leur offrit sa voiture. Tous trois se mirent à rire de la réunion d'un sous-secrétaire-d'état éclectique, d'un républicain féroce et d'un athée politique.

— Si nous soupions aux dépens de l'ordre de choses actuel? dit Blondet qui voulait remettre les soupers en honneur.

Rastignac les ramena chez Véry, renvoya sa voiture et tous trois s'attablèrent en analysant la société présente et riant d'un rire rabelaisien.

Au milieu du souper, Rastignac et Blondet conseillèrent à leur ennemi postiche de ne pas négliger une bonne fortune aussi capitale que celle qui s'offrait à lui. Ces deux roués firent d'un style moqueur l'histoire de la comtesse Marie de Vandenesse, ils portèrent le scalpel de l'épigramme et la pointe aiguë du bon mot dans cette enfance candide, dans cet heureux mariage. Blondet félicita Raoul de rencontrer une femme qui n'était encore coupable que de mauvais dessins au crayon rouge, de maigres paysages à l'aquarelle, de pantoufles brodées pour son mari, de sonates exécutées avec la plus chaste intention, cousue pendant dix-huit ans à la jupe maternelle, confite dans les pratiques religieuses, élevée par Vandenesse, et cuite à point par le mariage pour être dégustée par l'amour.

A la troisième bouteille de vin de Champagne, Raoul Nathan s'abandonna plus qu'il ne l'avait jamais fait avec personne.

— Mes amis, leur dit-il, vous connaissez mes relations avec Florine, vous savez ma vie, vous ne serez pas étonnés de m'entendre vous avouer que j'ignore absolument la couleur de l'amour d'une comtesse. J'ai souvent été très humilié en pensant que je ne pouvais pas me donner une Béatrix, une Laure, autrement qu'en poésie! Une femme noble et pure est comme une conscience sans tache, qui nous représente à nous-même sous une belle forme. Ailleurs, nous pouvons nous souiller; mais là, nous restons grands, fiers, immaculés. Ailleurs, nous menons une vie enragée, mais là se respire le calme, la fraîcheur, la verdure de l'oasis.

— Va, va, mon bonhomme, lui dit Rastignac, démanche sur la quatrième corde la prière de Moïse comme Paganini.

Raoul resta muet, les yeux fixes, hébétés.

— Ce vil apprenti ministre ne me comprend pas, dit-il après un moment de silence.

Ainsi, pendant que la pauvre Ève de la rue du Rocher se couchait dans les langes de la honte, s'effrayait du plaisir avec lequel elle avait écouté ce prétendu grand poète, et flottait entre la voix sévère de sa reconnaissance pour Vandenesse et les paroles dorées du serpent, ces trois esprits effrontés marchaient sur les tendres et blanches fleurs de son amour naissant.

Ah ! si les femmes connaissaient l'allure cynique que ces hommes si patiens, si patelins près d'elles prennent loin d'elles ! comme ils se moquent de ce qu'ils adorent ! Fraîche et gracieuse, pudique créature, comme la plaisanterie bouffonne la déshabillait et l'analysait, mais aussi quel triomphe! Plus elle perdait de voiles, plus elle montrait de beautés. Marie, en ce moment, comparait Raoul et Félix, sans se douter du danger que court le cœur à faire de semblables parallèles.

Rien au monde ne contrastait mieux que le désordonné, le vigoureux Raoul, et Félix de Vandenesse, soigné comme une petite maîtresse, serré dans ses habits, doué d'une charmante *disinvoltura*, sectateur de l'élégance anglaise, à laquelle l'avait jadis habitué lady Dudley. Ce contraste plaît à l'imagination des femmes assez portées à passer d'une extrémité à l'autre. La comtesse, femme sage et pieuse, se défendit à elle-même de penser à Raoul, en se trouvant une infâme ingrate, le lendemain au milieu de son paradis.

— Que dites-vous de Raoul Nathan, demanda-t-elle en déjeûnant à son mari.

—Un joueur de gobelets! répondit le comte, un de ces volcans qui se calment avec un peu de poudre d'or. La comtesse de Montcornet a eu tort de l'admettre chez elle.

Cette réponse froissa d'autant plus Marie que Félix, au fait du monde littéraire, appuya son jugement de preuves en racontant ce qu'il savait de la vie de Raoul Nathan, vie précaire, mêlée à celle de Florine, une actrice en renom.

— Si cet homme a du génie, dit-il en terminant, il n'a ni la constance, ni la patience qui veut en imposer au monde en se mettant sur un rang où il ne peut se soutenir. Les vrais talens, les gens studieux, honorables, n'agissent pas ainsi, ils marchent courageusement dans leur voie, ils acceptent leurs misères et ne les couvrent pas d'oripeaux.

La pensée d'une femme est douée d'une incroyable élasticité : quand elle reçoit un coup d'assomoir, elle plie, paraît écrasée, et reprend sa forme dans un temps donné.

Félix a sans doute raison, se dit d'abord la comtesse. Mais trois jours après, elle pensait au serpent, ramenée par cette émotion à la fois douce et cruelle que lui avait donné Raoul et que Vandenesse avait eu le tort de ne pas lui faire connaître.

Le comte et la comtesse allèrent au grand bal de lady Dudley, où de Marsay parut pour la dernière fois dans le monde, car il mourut deux mois après en laissant la réputation d'un homme d'état immense, dont la portée fut, disait Blondet, incompréhensible.

Vandenesse et sa femme retrouvèrent Raoul

Nathan dans cette assemblée remarquable par la réunion de plusieurs personnages du drame politique très étonnés de se trouver ensemble. Ce fut une des premières solennités du grand monde. Les salons offraient à l'œil un spectacle magique : des fleurs, des diamans, des chevelures brillantes, tous les écrins vidés, toutes les ressources de la toilette mises à contribution. Le salon pouvait se comparer à l'une des serres coquettes où de riches horticulteurs rassemblent les plus magnifiques raretés. Même éclat, même finesse de tissus. L'industrie humaine semblait aussi vouloir lutter avec les créations animées. Partout des gazes blanches ou peintes comme les ailes des plus jolies libellules, des crêpes, des dentelles, des blondes, des tulles variés comme les fantaisies de la nature entomologiques, découpés, ondés, dentelés, des fils d'aranéide en or, en argent, des brouillards de soie, des fleurs brodées par les fées ou fleuries par des génies emprisonnés, des plumes colorées par les feux du tropique, en saule pleureur au-dessus des têtes orgueilleuses, des perles tordues en nattes, des étoffes laminées, côtelées, déchiquetées, comme si le génie des arabesques avait conseillé l'industrie française.

Ce luxe était en harmonie avec les beautés réunies là comme pour réaliser un *keepsake*. L'œil embrassait les plus blanches épaules, les unes de couleur d'ambre, les autres d'un lustre qui faisait croire à la pression d'un cylindre, celles-ci satinées, celles-là mates et grasses comme si Rubens en avait préparé la pâte, enfin toutes les nuances trouvées par l'homme dans le blanc. C'était des yeux étincelans comme des onyx ou des turquoises bordées de velours noir ou de franges blondes; des coupes de figures variées qui rappelaient les types les plus gracieux des différens pays, des fronts sublimes et majestueux, ou doucement bombés comme si la pensée y abondait, ou plats comme si la résistance y siégeait invaincue ; puis ce qui donne tant d'attrait à ces fêtes préparées au regard, des gorges repliées comme les aimait Georges IV, ou séparées à la mode du dix-huitième siècle, ou tendant à se rapprocher comme les voulait Louis XV ; mais montrées avec audace, sans voiles, ou sous ces jolies gorgerettes froncées des portraits de Raphaël, le triomphe de ses élèves. Les plus jolis pieds tendus pour la danse, les tailles abandonnées dans les bras de la valse. Les bruissemens des plus douces voix, le frôlement des robes, les murmures de la danse, les chocs de la valse accompagnaient fantastiquement la musique. La baguette d'une fée semblait avoir ordonné cette sorcellerie étouffante, cette mélodie de parfums, ces lumières irisées dans les cristaux où pétillaient les bougies, ces tableaux multipliés par les glaces.

Cette assemblée des plus jolies femmes et des plus jolies toilettes se détachait sur la masse noire des hommes où se remarquaient les profils élégans, fins, corrects des nobles, les moustaches fauves et les figures graves des Anglais, les visages gracieux de l'aristocratie française. Tous les ordres de l'Europe scintillaient sur les poitrines, pendus au cou, en sautoir ou tombant sur la hanche. En examinant ce monde, il ne présentait pas seulement les brillantes couleurs de la parure, il avait une ame, il vivait, il pensait, il sentait. Des passions cachées lui donnaient une physionomie : vous eussiez surpris des regards malicieux échangés, de blanches jeunes filles étourdies et curieuses trahissant un désir, des femmes jalouses se confiant des méchancetés dites sous l'éventail, ou se faisant des complimens exagérés. La société parée, frisée, musquée, se laissait aller à une folie de fête qui portait au cerveau comme une fumée capiteuse. Il semblait que de tous les fronts, comme de tous les cœurs, il s'échappât des sentimens et des idées qui se condensaient et dont la masse réagissait sur les personnes les plus froides pour les exalter.

Par le moment le plus animé de cette enivrante soirée, dans un coin du salon doré où jouaient un ou deux banquiers, des ambassadeurs, d'anciens ministres, le vieux et immoral lord Dudley qui par hasard était venu, madame Félix de Vandenesse fut irrésistiblement entraînée à causer avec Nathan. Peut-être cédait-elle à cette ivresse du bal, qui a souvent arraché des aveux aux plus discrètes.

A l'aspect de cette fête et des splendeurs d'un monde où il n'était pas encore venu, Nathan fut mordu au cœur par un redoublement d'ambition. En voyant Rastignac, dont le frère cadet venait d'être nommé évêque à trente-un ans, dont Martial de La Roche-Hugon, le beau-frère, était directeur-général, qui lui-même était sous-secrétaire d'état et allait, suivant une rumeur, épouser la fille unique du baron de Nucingen; en voyant dans le corps diplomatique un écrivain inconnu qui traduisait les journaux étrangers pour un journal devenu dynastique dès 1830, puis des faiseurs d'articles passés au conseil d'état, des professeurs pairs de France, il se vit avec douleur dans une mauvaise voie en prêchant le renversement de cette aristocratie où brillaient tous les talens heureux, toutes les adresses couronnées par le succès, toutes les supériorités réelles. Blondet, si malheureux, si exploité dans le journalisme, mais si bien accueilli là, pouvant encore, s'il le voulait, entrer dans le sentier de la fortune par suite de sa liaison avec madame de Montcornet, fut aux yeux de Nathan un frappant exemple de la puissance des relations sociales. Au fond de son cœur, il résolut de se jouer des opinions à l'instar des de Marsay, Rastignac, Blondet, Talleyrand, le chef de cette secte, de n'accepter que les faits, de les tordre à son profit, de voir dans tout système une arme, et de ne point déranger une société si bien constituée, si belle, si naturelle.

— Mon avenir, se dit-il, dépend d'une femme qui appartienne à ce monde.

Dans cette pensée, conçue au feu d'un désir frénétique, il tomba sur la comtesse de Vandenesse comme un milan sur sa proie. Cette charmante créature, si jolie dans sa parure de marabouts qui produisait ce *flou* délicieux des peintures de Lawrence, en harmonie avec la douceur de son caractère, fut pénétrée par la bouillante énergie de ce poète enragé d'ambition.

Lady Dudley, à qui rien n'échappait, protégea cet *aparté* en livrant le comte Félix à madame de Manerville. Forte d'un ancien ascendant, cette femme le prit dans les lacs d'une querelle pleine d'agaceries, de confidences embellies de rougeurs, de regrets finement jetés comme des fleurs à ses pieds, de récriminations où elle se donnait raison pour se faire donner tort. Ces deux amans brouillés se parlaient pour la première fois d'oreille à oreille.

Pendant que l'ancienne maîtresse de son

mari fouillait la cendre des plaisirs éteints pour y trouver quelques charbons, madame Félix de Vandenesse éprouvait ces violentes palpitations que cause à une femme la certitude d'être en faute et de marcher dans le terrain défendu; émotions qui ne sont pas sans charmes et qui réveillent tant de puissances endormies. Aujourd'hui, comme dans le conte de la Barbe-Bleue, toutes les femmes aiment à se servir de la clé tachée de sang, magnifique idée mythologique, une des gloires de Perrault.

Le dramaturge connaissait son Shakespeare : il déroula ses misères, raconta sa lutte avec les hommes et les choses, fit entrevoir ses grandeurs sans base, son génie politique inconnu, sa vie sans affection noble. Sans en dire un mot, il suggéra l'idée à cette noble femme de jouer pour lui le rôle sublime que joue Rebecca dans *Ivanhoë*: l'aimer, le protéger. Tout se passa dans les régions éthérées du sentiment. Les myosotis ne sont pas plus bleus, les lys ne sont pas plus candides, les fronts des séraphins ne sont pas plus blancs que ne l'étaient les images, les choses et le front éclairci, radieux de cet artiste qui pouvait envoyer sa conversation chez son libraire.

.

Il s'acquitta bien de son rôle de reptile, il fit briller aux yeux de la comtesse les éclatantes couleurs de la fatale pomme. Marie quitta ce bal en proie à des remords, qui ressemblaient à des espérances, chatouillée par des complimens qui flattaient sa vanité, émue dans les moindres replis du cœur, prise par ses vertus, séduite par sa pitié pour le malheur.

Peut-être madame de Manerville avait-elle amené Vandenesse jusqu'au salon où sa femme causait avec Nathan, peut-être y était-il venu de lui-même en cherchant Marie pour partir, peut-être sa conversation avait-elle remué des chagrins assoupis. Quoi qu'il en fût, quand elle vint lui demander son bras, sa femme lui trouva le front attristé, l'air rêveur. La comtesse craignit d'avoir été vue. Dès qu'elle fut seule en voiture avec Félix elle lui jeta le sourire le plus fin et lui dit :

— Ne causiez-vous pas là, mon ami, avec madame de Manerville ?

Félix n'était pas encore sorti des broussailles où sa femme l'avait promené par une charmante querelle, au moment où la voiture entrait à l'hôtel. Ce fut la première ruse que dicta l'amour. Marie fut heureuse d'avoir triomphé d'un homme qui jusqu'alors lui semblait si supérieur. Elle goûta la première joie que donne un succès nécessaire.

CHAPITRE V.

FLORINE.

Entre la rue Basse-du-Rempart et la rue Neuve-des-Mathurins, Raoul avait, dans un passage, au troisième étage d'une maison mince et laide, un petit appartement désert, nu, froid, où il demeurait pour le public des indifférens, pour les néophytes littéraires, pour ses créanciers, pour les importuns et les divers ennuyeux qui doivent rester sur le seuil de la vie intime. Son domicile réel, sa grande existence, sa représentation, étaient chez mademoiselle Florine, comédienne de second ordre, mais que les amis de Nathan, des journaux, quelques auteurs intronisaient parmi les illustres actrices.

Depuis sept ou huit ans, Raoul s'était si bien attaché à cette femme qu'il passait la moitié de sa vie chez elle, il y mangeait quand il n'avait ni ami à traiter ni dîner en ville. A une corruption accomplie, Florine joignait un esprit exquis que le commerce des artistes avait développé, et que l'usage aiguisait chaque jour.

L'esprit passe pour une qualité rare chez les comédiens. Il est aussi naturel de supposer que les gens qui dépensent leur vie à tout mettre en dehors n'aient rien au dedans. Mais, si l'on pense au petit nombre d'acteurs et d'actrices qui vivent dans chaque siècle, et à la quantité d'auteurs dramatiques et de femmes séduisantes que cette population a fournis, il est permis de réfuter cette opinion qui repose sur une éternelle critique faite aux artistes, accusés tous de perdre leurs sentimens personnels dans l'expression plastique des passions, tandis qu'ils n'y emploient que les forces de l'esprit, de la mémoire et de l'imagination. Les grands artistes sont des êtres qui, suivant un mot de Napoléon, interceptent à volonté la communication que la nature a mise entre les sens et la pensée. Molière et Talma dans leur vieillesse ont été plus amoureux que ne le sont les hommes ordinaires.

Forcée d'écouter des journalistes qui devinent et calculent tout, des écrivains qui prévoient et disent tout, d'observer certains hommes politiques qui profitaient chez elle des saillies de chacun, Florine offrait en elle un mélange de démon et d'ange qui la rendait digne de recevoir ces roués ; elle les ravissait par son sang-froid. Sa monstruosité d'esprit et de cœur leur plaisait infiniment.

Sa maison, enrichie de tributs galans, présentait la magnificence exagérée des femmes qui, peu soucieuses du prix des choses, ne se soucient que des choses elles-mêmes, et leur donnent la valeur de leurs caprices ; qui cassent dans un accès de colère un éventail, une cassolette dignes d'une reine, et jettent les hauts cris si l'on brise une porcelaine de dix francs dans laquelle boivent leurs petits chiens.

Sa salle à manger, pleine des offrandes les plus distinguées, peut servir à faire comprendre le pêle-mêle de ce luxe royal et dédaigneux. C'était partout, même au plafond, des boiseries en chêne naturel sculpté, rehaussées par des filets d'or mat, et dont les panneaux avaient pour cadre des enfans jouant avec des chimères, où la lumière papillotait, éclairant ici une croquade de Decamps, là un plâtre d'ange tenant un bénitier donné par Antonin Moine, plus loin quelque tableau coquet d'Eugène Deveria, une sombre figure d'alchimiste espagnol par Louis Boulanger, un autographe de lord Byron à Caroline encadré dans de l'ébène, sculptée par Elschoet; en regard une autre lettre de Napoléon à Joséphine. Tout cela placé sans aucune symétrie, mais avec un art inaperçu. L'esprit était comme surpris. Il y avait de la coquetterie et du laissez-aller, deux qualités qui ne se trouvent réunies que chez les artistes. Sur la cheminée en bois délicieusement sculpté, rien qu'une étrange et florentine statue d'ivoire attribuée à Michel-Ange, qui représentait un Egipan trouvant une femme sous la peau d'un jeune pâtre et dont l'original est au trésor de Vienne ; puis, de chaque côté, des torchères dues à quelque ciseau de la Renaissance. Une horloge de Boulle, sur un piédestal d'écaille incrusté d'arabesques en cuivre, étincelait au milieu d'un panneau, entre deux statuettes échappées à quelque démolition abbatiale. Dans les angles brillaient sur leurs piédestaux des lampes d'une magnificence royale, par lesquelles un fabricant avait payé quelques sonores réclames sur la nécessité d'avoir des lampes richement adaptées à des cornets du Japon. Sur une étagère mirifique se prélassait une argenterie précieuse bien gagnée dans un combat où quelque lord avait reconnu l'ascendant de la nation française ; puis, des porcelaines à reliefs ; enfin le luxe exquis de l'artiste qui n'a d'autre capital que son mobilier.

La chambre en violet était un rêve de danseuse à son début : des rideaux en velours doublés de soie blanche, drapés sur un voile de tulle ; un plafond en cachemire blanc relevé de satin violet ; au pied du lit un tapis d'hermine ; dans le lit dont les rideaux ressemblaient à un lys renversé se trouvait une lanterne pour y lire les journaux avant qu'ils ne parussent. Un salon jaune rehaussé par des ornemens couleur de bronze florentin était en harmonie avec toutes ces magnificences ; mais une description exacte ferait ressembler ces pages à l'affiche d'une vente par autorité de justice. Pour trouver des comparaisons à toutes ces belles choses, il aurait fallu aller à deux pas de là, chez les Rothschild.

Sophie Grignoul, qui s'était surnommée Florine par un baptême assez commun au théâtre, avait long-temps croupi sur les scènes et dans les rangs inférieurs, malgré sa beauté. Son succès et sa fortune étaient récens; elle les devait à Raoul Nathan. L'association de ces deux destinées, assez commune dans le monde dramatique et littéraire, ne faisait aucun tort à Raoul, qui gardait les convenances en homme de haute portée. La fortune de Florine n'avait néanmoins rien de stable. Ses rentes aléatoires étaient fournies par ses engagemens, par ses congés, et payaient à peine sa toilette et son ménage. Nathan lui donnait quelques contributions levées sur les entreprises nouvelles de l'industrie; mais quoique toujours galant et protecteur avec elle, cette protection n'avait rien de régulier ni de solide. Cette incertitude, cette vie en l'air n'effrayaient point Florine. Florine croyait en son talent, elle croyait en sa beauté. Sa foi robuste avait quelque chose de comique pour ceux qui l'entendaient hypothéquer son avenir là-dessus quand on lui faisait des remontrances.

— J'aurai des rentes lorsqu'il me plaira d'en avoir, disait-elle. J'ai déjà cinquante francs sur le grand-livre.

Personne ne comprenait comment elle avait pu rester sept ans oubliée, belle comme elle était; mais, à la vérité, Florine fut enrôlée comme comparse à treize ans, et débutait deux ans après sur un obscur théâtre des boulevards. A quinze ans, ni la beauté ni le talent n'existent : une femme est toute promesse. Elle avait alors vingt-sept ans, le moment où les beautés des femmes françaises sont dans tout leur éclat.

Les peintres voyaient avant tout dans Florine des épaules d'un blanc lustré, teintes de tons olivâtres aux environs de la nuque, mais fermes et polies; la lumière glissait dessus comme sur une étoffe moirée. Quand elle tournait la tête, il se formait dans son cou des plis magnifiques, l'admiration des sculpteurs. Elle avait sur ce cou triomphant une petite tête d'impératrice romaine, la tête élégante et fine, ronde et volontaire de Poppée, des traits d'une correction spirituelle, le front lisse des femmes qui chassent le souci et les réflexions, qui cèdent facilement, mais qui se buttent aussi comme des mules et n'écoutent alors plus rien. Ce front taillé comme d'un seul coup de ciseau faisait valoir de beaux cheveux cendrés presque toujours relevés par devant en deux masses égales à la romaine, et mis en mamelon derrière la tête pour la prolonger et rehausser par leur couleur le blanc du col. Des sourcils noirs et fins, dessinés par quelque peintre chinois, encadraient des paupières molles où se voyait un réseau de fibrilles roses. Ses prunelles allumées par une vive lumière, mais tigrées par des rayures brunes, donnaient à son regard la cruelle fixité des bêtes fauves et révélaient la malice froide de la courtisane. Ses adorables yeux de gazelle étaient d'un beau gris et frangés de longs cils noirs, charmante opposition qui rendait encore plus sensible leur expression d'attentive et calme volupté ; le tour offrait des tons fatigués ; mais à la manière artiste dont elle savait couler sa prunelle dans le coin ou en haut de l'œil, pour observer ou pour avoir l'air de méditer, la façon dont elle la tenait fixe en lui faisant jeter tout son éclat sans déranger la tête, sans ôter à son visage son immobilité, manœuvre apprise à la scène ; mais la vivacité de ses regards quand elle embrassait toute une salle en y cherchant quelqu'un, rendaient ses yeux les plus terribles, les plus doux, les plus extraordinaires du monde. Le rouge avait détruit les délicieuses teintes diaphanes de ses joues, dont la chair était délicate ; mais, si elle ne pouvait plus ni rougir ni pâlir, elle avait un nez mince, coupé de narines roses et passionnées, fait pour exprimer l'ironie, la moquerie des servantes de Molière. Sa bouche sensuelle et dissipatrice, aussi favorable au sarcasme qu'à l'amour, était embellie par les deux arêtes du sillon qui rattachait la lèvre supérieure au nez. Son menton blanc, un peu gros, annonçait une certaine violence amoureuse. Ses mains et ses bras étaient dignes d'une souveraine. Mais elle avait le pied gros et court, signe indélébile de sa naissance obscure. Jamais un héritage ne causa plus de soucis. Florine avait tout tenté, excepté l'amputation, pour le changer. Ses pieds furent obstinés, comme les Bretons auxquels elle devait le jour; ils résistèrent à tous les savans, à tous les traitemens, Florine portait des brodequins longs et garnis de coton à l'intérieur pour figurer une courbure à son pied. Elle était de moyenne taille, menacée d'obésité, mais assez cambrée et bien faite.

Au moral, elle possédait à fond les minauderies et les querelles, les condimens et les chatteries de son métier, elle leur imprimait une saveur particulière en jouant l'enfance et glissant au milieu de ses rires ingénus des malices philosophiques. En apparence ignorante, étourdie, elle était très forte sur l'escompte et sur toute la jurisprudence commerciale. Elle avait éprouvé tant de misères avant d'arriver au jour de son douteux succès ! Elle était descendue d'étage en étage jusqu'au premier par tant d'aventures ! Elle savait la vie, depuis celle qui commence au fromage de Brie, jusqu'à celle qui suce dédaigneusement des beignets d'ananas ; depuis celle qui se cuisine et se savonne au coin de la cheminée d'une mansarde avec un fourneau de terre, jusqu'à celle qui convoque le ban et l'arrière-ban des chefs à grosse panse et des gâtes-sauces effrontés. Elle avait entretenu le Crédit sans le tuer. Elle n'ignorait rien de ce que les honnêtes femmes ignorent, elle parlait tous les langages, elle était Peuple par l'expérience, et Noble par sa beauté distinguée. Difficile à surprendre, elle supposait toujours tout comme un espion, comme un juge ou comme un vieil homme d'État, et pouvait ainsi tout pénétrer. Elle connaissait le manége à employer avec les fournisseurs et leurs ruses, elle savait le prix des choses comme un commissaire-priseur.

Quand elle était étalée dans sa chaise longue, comme une jeune mariée blanche et fraîche, tenant un rôle et l'apprenant, vous eussiez dit un enfant de seize ans, naïve, ignorante, faible, sans autre artifice que son innocence. Qu'un créancier importun vînt alors, elle se dressait comme un faon surpris et jurait un vrai juron.

— Eh! mon cher, vos insolences sont un

intérêt assez cher de l'argent que je vous dois, lui disait-elle; je suis fatiguée de vous voir; envoyez-moi des huissiers, je les préfère.

Florine donnait de charmans dîners, des concerts et des soirées très suivis : on y jouait un jeu d'enfer. Ses amies étaient toutes belles. Jamais une vieille femme n'avait paru chez elle; elle ignorait la jalousie; elle y trouvait, d'ailleurs, l'aveu d'une infériorité. Elle avait connu la Torpille, elle connaissait les Euphrasie, les Aquilina, ces femmes qui passent à travers Paris comme les fils de la Vierge dans l'atmosphère, sans qu'on sache où elles vont ni d'où elles viennent, aujourd'hui reines, demain esclaves; puis les actrices, ses rivales, les cantatrices, enfin toute cette société féminine exceptionnelle, si bienfaisante, si gracieuse dans son sans-souci, dont la vie bohémienne absorbe ceux qui se laissent prendre dans la danse échevelée de son entrain, de sa verve, de son mépris de l'avenir.

Quoique la vie de la Bohême se déployât chez elle dans tout son désordre, au milieu des rires de l'artiste, la reine du logis avait dix doigts et savait aussi bien compter que pas un de tous ses hôtes. Là se faisaient les saturnales secrètes de la littérature et de l'art, mêlés à la politique et à la finance. Là le désir régnait en souverain; là le spleen et la fantaisie étaient sacrés comme chez une bourgeoise l'honneur et la vertu. Là venaient Blondet, Finot, Emile Lousteau, son septième amant et cru le premier, Félicien Vernou le feuilletoniste, Couture, Bixiou, Rastignac autrefois, Claude Vignon le critique, Nucingen le banquier, du Tillet, Conti le compositeur, enfin cette légion endiablée des plus féroces calculateurs en tout genre; puis les amis des cantatrices, des danseuses et des actrices que connaissait Florine. Tout ce monde se haïssait ou s'aimait suivant les circonstances.

Cette maison banale, où il suffisait d'être célèbre pour entrer, était comme le mauvais lieu de l'esprit et comme le bagne de l'intelligence : on n'y entrait pas sans avoir légalement attrapé sa fortune, fait dix ans de misère, égorgé deux ou trois passions, acquis une célébrité quelconque par des livres ou par des gilets, par un drame ou par un bel équipage; on y complotait les mauvais tours à jouer, on y scrutait les moyens de fortune, on s'y moquait des émeutes qu'on avait fomentées la veille, on y soupesait la hausse et la baisse. Chaque homme en sortant reprenait la livrée de son opinion; il pouvait, sans se compromettre, critiquer son propre parti, avouer la science et le bien jouer de ses adversaires, formuler les pensées que personne n'avoue, enfin tout dire en gens qui pouvaient tout faire. Paris est le seul lieu du monde où il existe de ces maisons électiques où tous les goûts, tous les vices, toutes les opinions sont reçus avec une mise décente. Aussi n'est-il pas dit encore que Florine reste une comédienne du second ordre.

La vie de Florine n'est pas d'ailleurs une vie oisive ni une vie à envier. Beaucoup de gens, séduits par le magnifique piédestal que le théâtre fait à une femme, la supposent menant la joie d'un perpétuel carnaval. Au fond de bien des loges de portiers, sous la tuile de plus d'une mansarde, de pauvres créatures rêvent, au retour du spectacle, perles et diamans, robes lamées d'or et cordelières somptueuses, se voient les chevelures illuminées, se supposent applaudies, achetées, adorées, enlevées, mais toutes ignorent les réalités de cette vie de cheval de manége où l'actrice est soumise à des répétitions, sous peine d'amende, à des lectures de pièces, à des études constantes de rôles nouveaux, par un temps où l'on joue deux ou trois cents pièces par an à Paris.

Pendant chaque représentation, Florine changeait deux ou trois fois de costume, et rentrait dans sa loge, épuisée, demi-morte. Elle était obligée alors d'enlever à grand renfort de cosmétique son rouge ou son blanc, de se dépoudrer si elle avait joué un rôle du dix-huitième siècle. A peine avait-elle eu le temps de dîner. Quand elle joue, une actrice ne peut ni se serrer, ni manger, ni parler. Florine n'avait pas plus le temps de souper. Au retour de ces représentations qui, de nos jours, finissent le lendemain, n'avait-elle pas sa toilette de nuit à faire, ses ordres à donner. Couchée à une ou deux heures du matin, elle devait se lever assez matinalement pour repasser ses rôles, ordonner les costumes, les expliquer, les essayer, puis déjeûner, lire les billets doux, y répondre, travailler avec les entrepreneurs d'applaudissemens, pour faire soigner ses entrées et ses sorties, solder le compte des triomphes du mois passé en achetant en gros ceux du mois courant. Du temps de saint Genest, comédien canonisé, qui remplissait ses devoirs religieux et portait un cilice, il est à croire que le théâtre n'exigeait pas cette féroce activité. Souvent Florine, pour pouvoir aller cueillir bourgeoisement des fleurs à la campagne, était obligée de se dire malade.

Ces occupations purement mécaniques ne sont rien en comparaison des intrigues à mener, des chagrins de la vanité blessée, des préférences accordées par les auteurs, des rôles enlevés ou à enlever, des exigences des acteurs, des malices d'une rivale, des tiraillemens de directeurs et de journalistes qui demandaient une autre journée dans la journée.

Jusqu'à présent il ne s'est point encore agi de l'art, de l'expression des passions, des détails de la mimique, des exigences de la scène, où mille lorgnettes découvrent les taches de toute splendeur et qui employaient la vie, la pensée de Talma, de Lekain, de Baron, de Contat, de Clairon, de Champmeslé. Dans ces infernales coulisses l'amour-propre n'a point de sexe : l'artiste qui triomphe, homme ou femme, a contre soi les hommes et les femmes.

Quant à la fortune, quelques considérables que fussent les engagemens de Florine, ils ne couvraient pas les dépenses de la toilette du théâtre, qui, sans compter les costumes, exige énormément de gants longs, de souliers, et n'exclut pas la toilette du soir ni celle de la ville. Le tiers de cette vie se passe à mendier, l'autre à se soutenir, le dernier à se défendre : tout y est travail. Si le bonheur y est ardemment goûté, c'est qu'il y est comme dérobé, rare, espéré long-temps, trouvé par hasard au milieu de détestables plaisirs imposés, et de sourires au parterre.

Pour Florine, la puissance de Raoul était comme un sceptre protecteur : il lui épargnait bien des ennuis, bien des soucis, comme autrefois les grands seigneurs à leurs maîtresses, comme aujourd'hui quelques vieillards qui courent implorer les journalistes quand un mot dans un petit journal a effrayé leur idole : elle y tenait plus qu'à un amant, elle y tenait comme à un appui, elle en avait soin comme d'un père, elle le trompait comme un mari, mais elle lui aurait tout sacrifié. Raoul pouvait tout pour sa vanité d'artiste, pour la tranquillité de son amour-propre, pour son avenir au théâtre. Sans l'intervention d'un grand auteur, pas de grande actrice : on a dû la Champmeslé à Racine, comme Mars à Monvel et à Andrieux. Florine ne pouvait rien pour Raoul, elle aurait bien voulu lui être utile ou nécessaire. Elle comptait sur les alléchemens de l'habitude, elle était toujours prête à ouvrir ses salons, à déployer le luxe de sa table pour ses projets, pour ses amis ; elle aspirait à être pour lui ce qu'était madame Pompadour pour Louis XV. Les actrices enviaient la position de Florine, comme quelques journalistes enviaient celle de Raoul.

Maintenant, ceux à qui la pente de l'esprit humain vers les oppositions et les contraires est connu, concevront bien qu'après sept ans de cette vie débraillée, bohémienne, pleine de hauts et de bas, de fêtes et de saisies, de sobriétés et d'orgies, Raoul fut entraîné vers un amour chaste et pur, vers la maison douce et harmonieuse d'une grande dame, de même que la comtesse Félix désirait introduire les tourmentes de la passion dans sa vie monotone, à force de bonheur. Cette loi de la vie est celle de tous les arts qui n'existent que par les contrastes. L'œuvre faite sans cette ressource est la dernière expression du génie, comme le cloître est le plus grand effort du chrétien.

En rentrant chez lui, Raoul trouva deux mots de Florine apportés par la femme de chambre; un sommeil invincible ne lui permit pas de les lire; il se coucha dans les fraîches délices du suave amour qui manquait en sa vie. Quelques heures après, il lut dans cette lettre d'importantes nouvelles que ni Rastignac ni de Marsay n'avaient laissé transpirer. Une indiscrétion avait appris à l'actrice la dissolution de la chambre après la session. Raoul vint chez Florine aussitôt et envoya quérir Blondet.

Dans le boudoir de la comédienne, Alfred et Raoul analysèrent, les pieds sur les chenets, la situation politique de la France en 1833. De quel côté se trouvaient les meilleures chances de fortune? Ils passèrent en revue les républicains purs, républicains à présidence, républicains sans république, constitutionnels sans dynastie, constitutionnels dynastiques, ministériels conservateurs, ministériels absolutistes; puis la droite à concessions, la droite aristocratique, la droite légitimiste, henriquinquiste, et la droite carliste. Quant au parti de la Résistance et à celui du Mouvement, il n'y avait pas à hésiter : autant aurait valu discuter la vie ou la mort.

A cette époque, une foule de journaux créés pour chaque nuance accusaient l'effroyable pêle-mêle politique appelé *gâchis* par un soldat. Blondet, l'esprit le plus judicieux de l'époque, mais judicieux pour autrui, jamais pour lui, semblable à ces avocats qui font mal leurs propres affaires, était sublime dans ces discussions privées. Il conseilla donc à Nathan de ne pas apostasier brusquement.

— Napoléon l'a dit, on ne fait pas de jeunes républiques avec de vieilles monarchies. Ainsi, mon cher, deviens le héros, l'appui, le créateur du centre gauche de la future chambre, et tu arriveras en politique. Une fois admis, une fois dans le gouvernement, on est ce qu'on veut, on est de toutes les opinions qui triomphent!

Nathan décida de créer un journal politique,

quotidien, d'y être le maître absolu, de rattacher à ce journal un des petits journaux qui foisonnaient dans la Presse, et d'établir des ramifications avec une Revue. La Presse avait été le moyen de tant de fortunes faites autour de lui, que Nathan n'écouta pas l'avis de Blondet, qui lui dit de ne pas s'y fier. Blondet lui représenta la spéculation comme mauvaise, tant alors était grand le nombre des journaux qui se disputaient les abonnés, tant la presse lui semblait usée. Raoul, fort de ses prétendues amitiés et de son courage, s'élança plein d'audace, il se leva par un mouvement orgueilleux et dit : — Je réussirai.

— Tu n'as pas le sou !

— Je ferai un drame !

— Il tombera.

— Eh bien, il tombera, dit Nathan.

Il parcourut, suivi de Blondet, qui le croyait fou, l'appartement de Florine, regarda d'un œil avide les richesses qui y étaient entassées. Blondet le comprit alors.

— Il y a là cent et quelques mille francs, dit Alfred.

— Oui, dit en soupirant Raoul devant le somptueux lit de Florine. Mais j'aimerais mieux être toute ma vie marchand de chaînes de sûreté sur le boulevard, et vivre de pommes de terre frites que de vendre une patère de cet appartement.

— Pas une patère, dit Blondet, mais tout ! l'ambition est comme la mort, elle doit mettre sa main sur tout, elle sait que la vie la talonne.

— Non! cent fois non! J'accepterais tout de la comtesse d'hier, mais ôter à Florine sa coquille!

— Renverser son hôtel des monnaies, dit Blondet d'un air tragique, casser le balancier, briser le coin, c'est grave.

— D'après ce que j'ai compris, lui dit Florine en se montrant soudain, tu vas faire de la politique au lieu de faire du théâtre?

— Oui, ma fille, oui, dit avec un ton de bonhomie Raoul en la prenant par le cou et en la baisant au front. Tu fais la moue? Y perdras-tu? le ministre ne fera-t-il pas obtenir mieux que le journaliste à la reine des planches un meilleur engagement? N'auras-tu pas des rôles et des congés?

— Où prendras-tu de l'argent, dit-elle.

— Chez mon oncle, répondit Raoul.

Florine connaissait l'*oncle* de Raoul. Ce mot symbolisait l'usure comme dans la langue populaire *ma tante* signifie le prêt sur gage.

— Ne t'inquiète pas, mon petit bijou, dit Blondet à Florine en lui tapotant ses épaules, je lui procurerai l'assistance de Massol, un avocat qui veut être garde-des-sceaux, de du Tillet, qui veut être député, de Finot, qui se trouve encore derrière un petit journal, et de Plantin, qui veut être maître des requêtes et qui trempe dans une Revue. Oui, je le sauverai de lui-même : nous convoquerons ici Emile Lousteau, qui fera le feuilleton, Claude Vignon qui fera la haute critique ; Félicien Vernou sera la femme de ménage du journal, l'avocat travaillera, du Tillet s'occupera de la Bourse et de l'Insdustrie, et nous verrons où toutes ces volontés et ces esclaves réunis arriveront.

— A l'hôpital ou au ministère, où vont les gens ruinés de corps ou d'esprit, dit Raoul.

— Quand les traitez-vous ?

— Ici, dit Raoul, dans cinq jours.

— Tu me diras la somme qu'il faudra, demanda simplement Florine.

— Mais l'avocat, mais du Tillet et Raoul ne peuvent pas s'embarquer sans chacun cent mille francs, dit Blondet. Le journal ira bien ainsi pendant dix-huit mois, le temps de s'élever ou de tomber à Paris.

Florine fit une petite moue d'approbation. Les deux amis montèrent dans un cabriolet pour aller racoler les convives, les plumes, les les idées et les intérêts.

La belle actrice fit venir, elle, quatre riches marchands de meubles, de curiosités, de tableaux et de bijoux. Ces hommes entrèrent dans ce sanctuaire et y inventorièrent tout, comme si Florine était morte. Elle les menaça d'une vente publique au cas où ils serreraient leur conscience pour une meilleure occasion.

Elle venait, disait-elle, de plaire à un lord anglais dans un rôle moyen âge, elle voulait placer toute sa fortune mobilière pour avoir l'air pauvre et se faire donner un magnifique hôtel qu'elle meublerait de façon à rivaliser les Rotschild.

Quoiqu'elle fît pour les entortiller, ils ne donnèrent que soixante-dix mille francs de toute cette défroque qui en valait cent cinquante mille. Florine n'en aurait pas voulu pour deux liards. Elle promit de livrer tout le septième jour pour quatre-vingt mille francs.

— A prendre ou à laisser, dit-elle.

Le marché fut conclu.

Quand les marchands eurent décampé, l'actrice sauta de joie comme les collines du roi David ; elle fit mille folies, elle ne se croyait pas si riche.

Quand vint Raoul, elle joua la fâchée avec lui. Elle se dit abandonnée, elle avait réfléchi : les hommes ne passaient pas d'un parti à un autre, ni d'un Théâtre à la Chambre sans des raisons. Elle avait une rivale. Ce que c'est que l'instinct ! Elle se fit jurer un amour éternel.

Cinq jours après, elle donna le repas le plus splendide du monde. Le journal fut baptisé chez elle dans des flots de vin et de plaisanteries, de sermens de fidélité, de bon compagnonnage et de camaraderie sérieuse. Le nom, oublié maintenant comme le Libéral, le Communal, le Départemental, le Garde National, le Fédéral, l'Impartial, fut quelque chose en *al* qui dût aller fort mal.

.

Après les nombreuses descriptions d'orgies qui marquèrent cette phase littéraire, où il s'en fit si peu dans les mansardes, où elles furent écrites, il est difficile de pouvoir peindre celle de Florine. Un mot seulement. A trois heures après minuit, Florine put se déshabiller et se coucher comme si elle eût été seule, quoique personne ne fût sorti. Ces flambeaux de l'époque dormaient comme des brutes.

.

Quand, de grand matin, les emballeurs, commissionnaires et porteurs vinrent enlever tout le luxe de la célèbre actrice, elle se mit à rire en voyant ces gens prendre ces illustrations comme de gros meubles et les poser sur les parquets. Ainsi s'en allèrent ces belles choses. Florine déporta tous ses souvenirs chez les marchands, où personne en passant ne put à leur aspect savoir ni où ni comment ces fleurs du luxe avaient été payées. On laissa par convention jusqu'au soir à Florine ses choses réservées, son lit, sa table, son service pour pouvoir faire déjeûner ses hôtes. Après s'être endormis sous les courtines élégantes de la richesse, les beaux esprits se réveillèrent dans les murs froids et démeublés de la misère, pleins de marques de clous, déshonorés par les bizarreries discordantes qui sont sous les tentures comme les ficelles derrière les décorations d'opéra.

— Tiens, Florine, la pauvre fille est saisie,

cria Bixiou, un des convives. A vos poches ! une souscription !

En entendant ces mots, l'assemblée fut sur pied. Toutes les poches vidées produisirent trente-sept francs, que Raoul apporta railleusement à la rieuse ; l'heureuse courtisane souleva sa tête de dessus son oreiller, et montra sur le drap une masse de billets de banque, épaisse comme au temps où les oreillers des courtisanes pouvaient en rapporter autant, bon an mal an. Raoul appela Blondet.

— J'ai compris, dit Blondet. La friponne s'est exécutée sans nous le dire. Bien, mon petit ange !

Ce trait fit porter l'actrice en triomphe et en déshabillé dans la salle à manger, par les quelques amis qui restaient. L'avocat et les banquiers étaient partis. Le soir, Florine eut un succès étourdissant au théâtre. Le bruit de son sacrifice avait circulé dans la salle.

— J'aimerais mieux être applaudie pour mon talent, lui dit sa rivale au foyer.

— C'est un désir bien naturel chez une artiste qui n'est encore applaudie que pour sa bonté, lui répondit-elle.

Pendant la soirée, la femme de chambre de Florine l'avait installée au passage Sandrié dans l'appartement de Raoul. Le journaliste devait camper dans la maison où les bureaux du journal furent établis.

Telle était la rivale de la candide Madame de Vandenesse. La fantaisie de Raoul unissait comme par un anneau la comédienne à la comtesse; horrible nœud qu'une duchesse trancha, sous Louis XV, en faisant empoisonner la Le Couvreur, vengeance très concevable quand on songe à la grandeur de l'offense.

CHAPITRE VI.

L'AMOUR AUX PRISES AVEC LE MONDE.

Florine ne gêna pas les débuts de la passion de Raoul. Elle prévit des mécomptes d'argent dans la difficile entreprise où il se jetait, et voulut un congé de six mois. Raoul conduisit vivement la négociation et la fit réussir de manière à se rendre encore plus cher à Florine. Avec le bon sens du paysan de la fable de La Fontaine, qui assure le dîner pendant que les patriciens devisent, l'actrice alla couper des fagots en province et à l'étranger, pour entretenir l'homme célèbre pendant qu'il donnait la chasse au pouvoir.

Jusqu'à présent, peu de peintres ont abordé le tableau de l'amour comme il est dans les hautes sphères sociales, plein de grandeurs et de misères secrètes, terrible en ses désirs réprimés par les plus sots, par les plus vulgaires accidens, rompu souvent par la lassitude. Peut-être le verra-t-on ici par quelques échappées.

Dès le lendemain du bal donné par lady Dudley, sans avoir fait ni reçu la plus timide déclaration, Marie se croyait aimée de Raoul selon le programme de ses rêves, et Raoul se savait choisi pour amant par Marie. Quoique ni l'un ni l'autre ne fussent arrivés à ce déclin où les hommes et les femmes abrégent les préliminaires, tous deux allèrent rapidement au but. Raoul rassasié de jouissances, tendait au monde idéal ; tandis que Marie, à qui la pensée d'une faute était loin de venir, n'imaginait pas qu'elle pût en sortir. Ainsi aucun amour ne fut, en fait, plus innocent ni plus pur que l'amour de Raoul et de Marie; mais aucun ne fut plus emporté ni plus délicieux en pensée.

La comtesse avait été prise par des idées dignes du temps de la chevalerie, mais complètement modernisées. Dans l'esprit de son rôle, la répugnance de son mari pour Nathan n'était plus un obstacle à son amour. Moins Raoul eût mérité d'estime, plus elle eût été grande. La conversation enflammée du poète avait eu plus de retentissement dans son sein que dans son cœur. La Charité s'était éveillée à la voix du Désir. Cette reine des vertus sanctionna presque aux yeux de la comtesse les émotions, les plaisirs, l'action violente de l'amour. Elle trouva beau d'être une Providence humaine pour Raoul. Quelle douce pensée ! soutenir de sa main blanche et faible ce colosse dont elle ne voyait pas les pieds d'argile, jeter la vie là où elle manquait, être secrètement la créatrice d'une grande fortune, aider un homme de génie à lutter avec le sort et à le dompter, lui broder son écharpe pour le tournoi, lui procurer des armes, lui donner l'amulette contre les sortiléges et le baume pour les blessures ! Chez une femme élevée comme le fut Marie, religieuse et noble comme elle, l'amour devait être une voluptueuse charité. De là vint la raison de sa hardiesse. Les sentimens purs se compromettent avec un superbe dédain qui ressemble à l'impudeur des courtisanes.

Dès que, par une captieuse distinction, elle fut sûre de ne point entamer la foi conjugale, la comtesse s'élança donc pleinement dans le plaisir d'aimer Raoul. Les moindres choses de la vie lui parurent alors charmantes. Son boudoir où elle penserait à lui, elle en fit un sanctuaire. Il n'y eut pas jusqu'à sa jolie écritoire qui ne réveillât dans son ame les mille plaisirs de la correspondance, elle allait avoir à lire, à cacher des lettres, à y répondre.

La toilette, cette magnifique poésie de la vie féminine, épuisée ou méconnue par elle, reparut douée d'une magie inaperçue jusqu'alors. La toilette devint tout-à-coup pour elle ce qu'elle est pour toutes les femmes, une manifestation constante de la pensée intime, un langage, un symbole. Combien de jouissances dans une parure méditée pour *lui* plaire, pour *lui* faire honneur. Elle se livra très naïvement à ces adorables gentillesses qui occupent tant la vie des Parisiennes, et qui donnent d'amples significations à tout ce que vous voyez chez elles, en elles, sur elles. Bien peu de femmes courent chez les marchands de soieries, chez les modistes, chez les bons faiseurs dans leur seul intérêt. Vieilles, elles ne songent plus à se parer. Lorsqu'en vous promenant, vous verrez une figure arrêtée pendant un instant devant la glace d'une montre, examinez-la bien.

— Me trouverait-il mieux avec ceci? est une phrase écrite sur les fronts éclaircis, dans les yeux éclatans d'espoir, dans le sourire qui badine sur les lèvres.

Le bal de lady Dudley avait eu lieu un samedi soir; le lundi, la comtesse vint à l'Opéra, poussée par la certitude d'y voir Raoul.

Raoul était en effet planté sur un des escaliers qui descendent aux stalles d'amphithéâtre. Il baissa les yeux quand la comtesse entra dans sa loge. Avec quelles délices madame de Vandenesse remarqua le soin nouveau que son amant avait mis à sa toilette! Ce contempteur des lois de l'élégance montrait une chevelure soignée où les parfums reluisaient dans les mille contours des boucles; son gilet obéissait à la mode, son col était bien noué, sa chemise offrait des plis irréprochables. Sous le gant, jaune suivant l'ordonnance en vigueur, les mains lui semblèrent très blanches. Raoul tenait les bras croisés sur sa poitrine comme s'il posait pour son portrait, magnifique d'indifférence pour toute la salle, plein d'impatience mal contenue. Quoique baissés, ses yeux semblaient tournés vers l'appui de velours rouge où s'allongeait le bras de Marie. Félix, assis dans l'autre coin de la loge, tournait alors le dos à Nathan. La spirituelle comtesse s'était placée de manière à plonger sur la colonne où s'adossait Raoul. Donc, en un moment, Marie avait fait abjurer à cet homme d'esprit son cynisme en fait de vêtement. La plus vulgaire comme la plus haute femme est enivrée en voyant la première proclamation de son pouvoir dans quelqu'une de ces métamorphoses. Tout changement est un aveu de servage.

— Elles avaient raison, il y a bien du bonheur à être comprise, se dit-elle en pensant à ses détestables institutrices.

Quand les deux amans eurent embrassé la salle par ce rapide coup-d'œil qui voit tout, ils échangèrent un regard d'intelligence. Ce fut pour l'un et l'autre comme si quelque rosée céleste eût rafraîchi leurs cœurs brûlés par l'attente.

— Je suis là depuis une heure dans l'enfer

et maintenant les cieux s'entr'ouvrent, disaient les yeux de Raoul.

—Je te savais là, mais suis-je libre? disaient les yeux de la comtesse.

Les voleurs, les espions, les amans, les diplomates, enfin tous les esclaves connaissent seuls les ressources et les jouissances du regard. Eux seuls savent tout ce qu'il tient d'intelligence, de douceur, d'esprit, de colère et de scélératesse dans les modifications de cette lumière chargée d'ame.

Raoul sentit son amour regimber sous les éperons de la nécessité, grandir à la vue des obstacles. Entre la marche sur laquelle il perchait et la loge de la comtesse Félix de Vandenesse, il y avait à peine trente pieds, et il lui était impossible d'annuler cet intervalle. A un homme plein de fougue et qui jusqu'alors avait trouvé peu d'espace entre un désir et le plaisir, cet abîme de pied ferme, mais infranchissable, inspirait le désir de sauter jusqu'à la comtesse par un bond de tigre. Dans un paroxisme de rage, il essaya de tâter le terrain. Il salua visiblement la comtesse qui répondit par une de ces légères inclinations de tête, pleines de mépris, avec lesquelles les femmes ôtent à leurs adorateurs l'envie de recommencer. Le comte Félix se tourna pour voir qui s'adressait à sa femme; il aperçut Nathan, ne le salua point, parut lui demander compte de son audace, et se retourna lentement en disant quelque phrase par laquelle il approuvait sans doute les faux dédains de la comtesse. La porte de la loge était évidemment fermée à Nathan, qui jeta sur Félix un regard terrible. Ce regard, tout le monde l'eût interprété par un des mots de Florine :

« Toi tu ne pourras bientôt plus mettre ton chapeau ! »

Madame d'Espard, l'une des femmes les plus impertinentes de ce temps avait tout vu de sa loge; elle éleva la voix en disant quelque insignifiant bravo. Raoul, au dessus de qui elle était, finit par se retourner, il la salua et reçut d'elle un gracieux sourire qui semblait si bien lui dire : « Si l'on vous chasse de là venez ici, » que Raoul quitta sa colonne et vint faire une visite à madame d'Espard. Il avait besoin de se montrer là pour apprendre à ce petit monsieur de Vandenesse que la Célébrité valait la Noblesse, et que devant Nathan toutes les portes armoiriées tournaient sur leurs gonds. La marquise l'obligea de s'asseoir en face d'elle, sur le devant. Elle voulait lui donner la question.

— Madame Félix de Vandenesse est ravissante ce soir, lui dit elle en le complimentant de cette toilette comme d'un livre qu'il aurait publié la veille.

— Oui, dit Raoul avec indifférence, les marabous lui vont à merveille; mais elle y est bien fidèle, elle les avait avant-hier, ajouta-t-il d'un air dégagé, pour répudier par cette critique la charmante complicité dont l'accusait la marquise.

—Vous connaissez le proverbe? répondit-elle. Il n'y a pas de bonne fête sans lendemain.

Au jeu des réparties, les célébrités littéraires ne sont pas toujours aussi fortes que les marquises. Raoul prit le parti de faire la bête, dernière ressource des gens d'esprit.

— Le proverbe est vrai pour moi, dit-il en regardant la marquise d'un air galant.

— Mon cher, votre mot vient trop tard pour que je l'accepte, répliqua-t-elle en riant. Ne soyez pas si bégueule ! Allons, vous avez trouvé hier matin, au bal, madame de Vandenesse charmante en marabous ; elle le sait, elle les a remis pour vous. Elle vous aime, vous l'adorez, c'est un peu prompt, mais je ne vois là rien que de très naturel. Si je me trompais, vous ne torderiez pas l'un de vos gants comme un homme qui enrage d'être à côté de moi, au lieu de se trouver dans la loge de son idole, dont il vient d'être repoussé par un dédain officiel, et de s'entendre dire tout bas ce qu'il voudrait entendre dire très haut.

Raoul tortillait en effet un de ses gants et montrait une main étonnemment blanche.

— Elle a obtenu de vous, dit-elle en regardant fixement cette main de la façon la plus impertinente, des sacrifices que vous ne faisiez pas à la société. Elle doit être ravie de son succès, elle en sera sans doute un peu vaine, mais, à sa place, je le serais peut-être davantage. Elle n'était que femme d'esprit, elle va passer femme de génie. Vous allez nous la peindre dans quelque livre délicieux comme vous savez les faire. Mon cher, n'y oubliez pas Vandenesse; faites cela pour moi. Vraiment, il est trop sûr de lui. Je ne passerais pas cet air radieux au Jupiter Olympien, le seul dieu mythologique exempt, dit-on, de tout accident.

— Madame, s'écria Raoul, vous me douez d'une ame bien basse, si vous me supposez capable de trafiquer de mes sensations, de mon amour. Je préférerais à cette lâcheté littéraire la coutume anglaise de passer une corde au cou d'une femme et de la mener au marché.

— Mais je connais Marie, elle vous le demandera.

— Elle en est incapable! dit Raoul avec chaleur.

— Vous la connaissez donc bien ?

Nathan se mit à rire de lui-même, de lui, faiseur de scènes, qui s'était laissé prendre à un jeu de scène.

— La comédie n'est plus là, dit-il en montrant la rampe, elle est chez vous.

Il prit sa lorgnette et se mit à examiner la salle par contenance.

— M'en voulez-vous? dit la marquise en le regardant de côté. N'aurais-je pas toujours eu votre secret? Nous ferons facilement la paix.

Venez chez moi, je reçois tous les mercredis, la chère comtesse ne manquera pas une soirée dès qu'elle vous y trouvera. J'y gagnerai. Quelquefois je la vois entre quatre et cinq heures, je serai bonne femme, je vous joins au petit nombre de favoris que j'admets à cette heure.

— Hé bien, dit Raoul, voyez comme est le monde, on vous disait méchante.

— Moi ! dit-elle, je le suis à propos. Ne faut-il pas se défendre. Mais votre comtesse, je l'adore, vous en serez content, elle est charmante; et puis vous serez le premier dont le nom sera gravé dans son cœur avec cette joie enfantine qui porte tous les amoureux, même les caporaux, à graver leur chiffre sur l'écorce des arbres. Le premier amour d'une femme est un fruit délicieux. Voyez-vous, plus tard il y a de la science dans nos tendresses, dans nos soins.

Une vieille femme comme moi peut tout dire, elle ne craint plus rien pas même un journaliste. Eh bien! dans l'arrière-saison nous savons vous rendre heureux; mais quand nous commençons à aimer nous sommes heureuses, et nous vous donnons ainsi mille plaisirs d'orgueil; chez nous tout est alors d'un inattendu ravissant, le cœur est plein de naïveté. Vous êtes trop poète pour ne pas préférer les fleurs aux fruits. Je vous attends dans six mois d'ici.

Raoul, comme tous les criminels, entra dans le système des dénégations; mais c'était donner des armes à cette rude joûteuse, il fut bientôt empêtré dans les nœuds coulans de la plus spirituelle, de la plus dangereuse de ces conversations où excellent les Parisiennes; il craignait de se laisser surprendre des aveux dont la marquise aurait fait aussitôt le sujet de ses moqueries, et il se retira prudemment en voyant entrer lady Dudley.

— Hé bien, dit l'Anglaise à la marquise, où en sont-ils ?

— Ils s'aiment à la folie. Nathan vient de me le dire.

— Je l'aurais voulu plus laid, répondit lady Dudley, qui jeta sur le comte Félix un regard de vipère. D'ailleurs, il est bien ce que je le voulais, il est fils d'un brocanteur juif, mort en banqueroute dans les premiers jours de son mariage ; mais sa mère était catholique, elle en a malheureusement fait un chrétien.

Cette origine que Nathan cache avec tant de soin, lady Dudley venait de l'apprendre, elle jouissait d'avance du plaisir qu'elle aurait à tirer de là quelque terrible épigramme contre Vandenesse.

— Et moi qui viens de l'inviter à venir chez moi ! dit la marquise.

— Ne l'ai-je pas reçu hier, répondit lady Dudley. Il y a, mon ange, des plaisirs qui nous coûtent bien cher.

La nouvelle de la passion mutuelle de Raoul et de madame de Vandenesse circula dans le monde pendant cette soirée, non sans exciter des réclamations et des incrédulités ; mais la comtesse fut défendue par ses amies lady Dudley, mesdames d'Espard et de Manerville avec une maladroite chaleur qui put donner quelque créance à ce bruit.

Vaincu par la nécessité, Raoul alla le mercredi soir chez la marquise d'Espard. Il y trouva la bonne compagnie qui y venait. Comme Félix n'accompagna point sa femme, Raoul put échanger avec Marie quelques phrases plus expressives par leur accent que par les idées. La comtesse, mise en garde contre la médisance par madame Octave de Camps, avait compris l'importance de sa situation en face du monde, et la fit comprendre à Raoul.

Au milieu de cette belle assemblée, l'un et l'autre eurent donc pour tout plaisir ces sensations alors si profondément savourées que donnent les idées, la voix, les gestes, l'attitude d'une personne aimée. L'ame s'accroche violemment à des riens. Quelquefois les yeux s'attachent de part et d'autre sur le même objet en y incrustant, pour ainsi dire, une pensée prise, reprise et comprise. On admire pendant une conversation le pied légèrement avancé, la main qui palpite, les doigts occupés à quelque bijou frappé, laissé, tourmenté d'une manière significative. Ce n'est plus ni les idées, ni le langage, mais les choses qui parlent; elles parlent tant que souvent un homme épris laisse à d'autres le soin d'apporter une tasse, le sucrier pour le thé, le *je ne sais quoi* que demande la femme qu'il aime, de peur de montrer son trouble à des yeux qui semblent ne rien voir et voient tout. Des myriades de désirs, de souhaits insensés, de pensées violentes passent étouffées dans les regards. Là, les serremens de main dérobés aux mille yeux d'argus acquièrent l'éloquence d'une longue lettre et la volupté d'un baiser. L'amour se grossit alors de tout ce qu'il se refuse, il s'appuie sur tous les obstacles pour se grandir. Enfin ces barrières plus souvent maudites que franchies, sont hachées et jetées au feu pour l'entretenir. Là, les femmes peuvent mesurer l'étendue de leur pouvoir dans la petitesse à laquelle arrive un immense amour qui se replie sur lui-même, se cache dans un regard altéré, dans une contraction nerveuse, derrière une banale formule de politesse. Combien de fois, sur la dernière marche d'un escalier, n'a-t-on pas récompensé par un seul mot les tourmens inconnus, le langage insignifiant de toute une soirée.

Raoul, homme peu soucieux du monde, lâcha sa colère dans le discours, et fut étincelant. Chacun entendit les rugissemens inspirés par la contrariété que les artistes savent si peu supporter. Cette fureur à la Roland, cet esprit qui cassait, brisait tout en se servant de l'épigramme comme d'une massue, enivra Marie et amusa le cercle comme si l'on eût vu quelque taureau bardé de banderoles en fureur dans un cirque espagnol.

— Tu auras beau tout abattre, tu ne feras

pas la solitude autour de toi, lui dit Blondet.

Ce mot rendit à Raoul sa présence d'esprit, il cessa de donner son irritation en spectacle.

La marquise vint lui offrir une tasse de thé et dit assez haut pour que madame de Vandenesse entendît : — Vous êtes vraiment bien amusant, venez donc quelquefois me voir à quatre heures.

Raoul s'offensa du mot amusant, quoiqu'il eût été pris pour servir de passeport à l'invitation. Il se mit à écouter comme ces acteurs qui regardent la salle au lieu d'être en scène. Blondet eut pitié de lui.

— Mon cher, lui dit-il en l'emmenant dans un coin, tu te tiens dans le monde comme si tu étais chez Florine. Ici, l'on ne s'emporte jamais, on ne fait pas de longs articles, on dit de temps en temps un mot spirituel, on prend un air calme au moment où l'on éprouve le plus d'envie de jeter les gens par les fenêtres, on raille doucement, on feint de distinguer la femme que l'on adore, et l'on ne roule pas comme un âne au milieu du grand chemin. Ici, mon cher, on aime suivant la formule. Ou enlève madame de Vandenesse, ou montre-toi gentilhomme. Tu es trop l'amant d'un de tes livres.

Nathan écoutait la tête baissée : il était comme un lion pris dans des toiles.

— Je ne remettrai jamais les pieds ici, dit-il. Cette marquise de papier mâché me vend son thé trop cher. Amusant ! Je comprends maintenant pourquoi Saint-Just guillotinait tout ce monde-là !

— Tu y reviendras demain.

Blondet avait dit vrai. Les passions sont aussi lâches que cruelles. Le lendemain, après avoir long-temps flotté entre : J'irai, je n'irai pas, Raoul quitta ses associés au milieu d'une discussion importante et courut au faubourg Saint-Honoré, chez madame d'Espard.

En voyant entrer le brillant cabriolet de Rastignac pendant qu'il payait son cocher à la porte, la vanité de Nathan fut blessée ; il résolut d'avoir un élégant cabriolet et le tigre obligé.

L'équipage de la comtesse était dans la cour. A cette vue, le cœur de Raoul se gonfla de plaisir. Marie marchait sous la pression de ses désirs avec la régularité d'une aiguille d'horloge animée par son ressort.

Elle était au coin de la cheminée, dans le

petit salon, étendue dans un fauteuil. Au lieu de regarder Nathan quand on l'annonça, elle le contempla dans la glace, sûre que la maîtresse de la maison se tournerait vers lui. Traqué comme il l'est dans le monde, l'amour est obligé d'avoir recours à ces petites ruses : il donne la vie aux miroirs, aux manchons, aux éventails, à une foule de choses dont l'utilité n'est pas tout d'abord démontrée et dont beaucoup de femmes usent sans s'en servir.

— Monsieur le ministre, dit madame d'Espard en s'adressant à Nathan et lui présentant de Marsay par un regard, soutenait, au moment où vous entriez, que les royalistes et les républicains s'entendent ; vous devez en savoir quelque chose, vous ?

— Quand cela serait, dit Raoul, où est le mal ? Nous haïssons le même objet, nous sommes d'accord dans notre haine, nous différons dans notre amour. Voilà tout.

— Cette alliance est au moins bizarre, dit de Marsay en enveloppant d'un coup-d'œil la comtesse Félix et Raoul.

— Elle ne durera pas, dit Rastignac, qui pensait un peu trop à la politique comme tous les nouveaux venus.

— Qu'en dites-vous, ma chère amie? demanda madame d'Espard à la comtesse.

— Je n'entends rien à la politique.

— Vous vous y mettrez, madame, dit de Marsay, et vous serez alors doublement notre ennemie.

Nathan et Marie ne comprirent le mot que

quand de Marsay fut parti. Rastignac le suivit et madame d'Espard les accompagna jusqu'à la porte de son premier salon. Les deux amans ne pensèrent plus aux épigrammes du ministre, ils se voyaient riches de quelques minutes. Marie tendit sa main vivement dégantée à Raoul qui la prit et la baisa comme s'il n'avait eu que dix-huit ans. Les yeux de la comtesse exprimaient une noble tendresse si entière que Raoul eut aux yeux cette larme que trouvent toujours les hommes nerveux à leur service.

— Où vous voir, où pouvoir vous parler ? dit-il. Je mourrais, s'il fallait toujours déguiser ma voix, mon regard, mon cœur, mon amour.

Émue par cette larme, Marie promit d'aller se promener au Bois toutes les fois que le temps ne serait pas détestable. Cette promesse causa plus de bonheur à Raoul que ne lui en avait donné Florine pendant cinq ans.

— J'ai tant de choses à vous dire! Je souffre tant du silence auquel nous sommes condamnés!

La comtesse le regardait avec ivresse sans pouvoir répondre, quand la marquise rentra.

— Comment, vous n'avez rien su répondre à de Marsay, dit-elle en entrant.

— On doit respecter les morts, répondit Raoul. Ne voyez-vous pas qu'il expire. Rastignac est son garde-malade, il espère être mis sur le testament.

La comtesse feignit d'avoir des visites à faire et voulut sortir pour ne pas se compromettre. Pour ce quart d'heure, Raoul avait sacrifié son temps le plus précieux et ses intérêts les plus palpitans.

Marie ignorait encore les détails de cette vie

d'oiseau sur la branche, mêlée aux affaires les plus compliquées, au travail le plus exigeant. Quand deux êtres unis par un éternel amour mènent une vie resserrée chaque jour par les nœuds de la confidence, par l'examen en commun des difficultés surgies, quand deux cœurs échangent le soir ou le matin leurs regrets comme la bouche échange les soupirs, s'attendent dans de mêmes anxiétés, palpitent ensemble à la vue d'un obstacle, tout compte alors ; une femme sait combien d'amour dans un retard évité, combien d'efforts dans une course rapide, elle s'occupe, va, vient, espère, s'agite avec l'homme occupé, tourmenté. Ses murmures, elle les adresse aux choses, elle ne doute pas, elle connaît et apprécie les détails de la vie. Mais au début d'une passion où tant d'ardeur, de défiances, d'exigences se déploient, où l'on ne se sait ni l'un ni l'autre ; mais auprès des femmes oisives, à la porte desquelles l'amour doit être toujours en faction; mais auprès de celles qui s'exagèrent leur dignité et veulent être obéis en tout, même quand elles ordonnent une faute à ruiner un homme, l'amour comporte à Paris, dans notre époque, des travaux impossibles.

Les femmes du monde sont restées sous l'empire des traditions du dix-huitième siècle, où chacun avait une position sûre et définie. Peu de femmes connaissent les embarras de l'existence chez la plupart des hommes, qui tous ont une position à se faire, une gloire en train, une fortune à consolider. Aujourd'hui, les gens dont la fortune est assise se comptent, les vieillards seuls ont le temps d'aimer, les jeunes gens rament sur les galères de l'ambition comme y ramait Nathan.

Les femmes ne sont pas encore résignées à ce changement dans les mœurs; elles prêtent le temps qu'elles ont de trop à ceux qui n'en ont pas assez ; elles n'imaginent pas d'autres occupations, d'autre but que les leurs. Quand l'amant aurait vaincu l'hydre de Lerne pour arriver, il n'a pas le moindre mérite ; tout s'efface devant le bonheur de le voir, elles ne lui savent gré que de leurs émotions, sans s'informer de ce qu'elles coûtent. Si elles ont inventé dans leurs heures oisives un de ces stratagèmes qu'elles ont à commandement, elles le font briller comme un bijou. Vous avez tordu les barres de fer de quelque nécessité, tandis qu'elles chaussaient la mitaine, endossaient le manteau d'une ruse ; à elles la palme, et ne la leur disputez point. Elles ont raison d'ailleurs : comment ne pas tout briser pour une femme qui brise tout pour vous ? Elles exigent autant qu'elles donnent.

Raoul aperçut en revenant combien il lui serait difficile de mener de front un amour dans le monde, le char à dix chevaux du journalisme, ses pièces au théâtre et ses affaires embourbées.

— Le journal sera détestable ce soir, dit-il en s'en allant ; il n'y aura pas d'article de moi, et pour un second numéro encore !

Madame Félix de Vandenesse alla trois fois au bois de Boulogne sans y voir Raoul ; elle revenait désespérée, inquiète. Nathan ne voulait pas s'y montrer autrement que dans l'éclat d'un prince de la presse. Il employa toute la semaine à chercher deux chevaux, un cabriolet et un tigre convenable, à convaincre ses associés de la nécessité d'épargner un temps aussi précieux que le sien, et à faire imputer son équipage sur les frais généraux du journal. Ses associés, Massol et du Tillet, accédèrent si complaisamment à sa demande qu'il les trouva les meilleurs enfans du monde.

Sans ce secours, la vie eût été impossible pour Raoul, elle devint d'ailleurs si rude, quoique mélangée par les plaisirs les plus délicats de l'amour idéal, que beaucoup de gens, même les mieux constitués, n'eussent pu suffire à de telles dissipations. Une passion violente et heureuse prend déjà beaucoup de place dans une existence ordinaire; mais quand elle s'attaque à une femme posée comme madame de Vandenesse, elle devait dévorer la vie d'un homme occupé comme Raoul.

Voici les obligations que sa passion inscrivait avant toutes les autres.

Il lui fallait se trouver presque chaque jour à cheval au bois de Boulogne, entre deux et trois heures, dans la tenue du plus fainéant gentleman. Il apprenait là dans quelle maison, à quel théâtre, il reverrait, le soir, madame de

Vandenesse. Il ne quittait les salons que vers minuit, après avoir happé quelques phrases long-temps attendues, quelques bribes de tendresse dérobées sous la table, entre deux portes, ou en montant en voiture. La plupart du temps, Marie, qui l'avait lancé dans le grand monde, le faisait inviter à dîner dans certaines maisons où elle allait. N'était-ce pas tout simple? Par orgueil, entraîné par sa passion, Raoul n'osait parler de ses travaux. Il devait obéir aux volontés les plus capricieuses de cette innocente souveraine, et suivre les débats parlementaires, le torrent de la politique, veiller à la direction du journal et mettre en scène deux pièces dont il attendait les recettes. Il suffisait que madame de Vandenesse fît une petite moue quand il voulait se dispenser d'être à un bal, à un concert, à une promenade pour qu'il sacrifiât ses intérêts à son plaisir. En quittant le monde entre une heure et deux heures du matin, il revenait travailler jusqu'à huit ou neuf heures, il dormait à peine, se réveillait pour concerter les opinions du journal avec les gens influens de son parti, pour débattre les mille et une affaires intérieures. Le journalisme touche à tout dans cette époque, à l'industrie, aux intérêts publics et privés, aux entreprises nouvelles, à tous les amours-propres de la littérature et à ses produits. Quand harassé, fatigué, Nathan courait de son bureau de rédaction au théâtre, du théâtre à la chambre, de la chambre chez quelques créanciers, il devait se présenter calme, heureux devant Marie, galoper à sa portière avec le laissez-aller d'un homme sans soucis et qui n'a d'autres fatigues que celles du bonheur.

Quand pour prix de tant de dévoûmens ignorés, il n'eut que les plus douces paroles, les certitudes les plus mignonnes d'un attachement éternel, d'ardens serremens de mains obtenus pendant quelques secondes de solitude, des mots passionnés en échange des siens, il trouva quelque duperie à laisser ignorer le prix dont il payait ces menus suffrages, auraient dit nos pères. L'occasion de s'expliquer ne se fit pas attendre.

Dans une belle journée du mois d'avril, la comtesse accepta le bras de Nathan dans un endroit écarté du bois de Boulogne, elle avait à lui faire une de ces jolies querelles à propos de ces riens avec lesquels les femmes savent bâtir des montagnes. Au lieu de l'accueillir le sourire sur les lèvres, le front illuminé par le bonheur, les yeux animés de quelque pensée fine et gaie, elle se montra grave et sérieuse.

— Qu'avez-vous? lui dit Nathan.

— Ne vous occupez pas, dit-elle, de ces

riens, vous devez savoir que les femmes sont des enfans...

— Vous aurais-je déplu?

— Serais-je ici?

— Mais vous ne me souriez pas? vous ne paraissez pas heureuse de me voir?

— Je vous boude, n'est-ce pas, dit-elle en le regardant de cet air soumis par lequel les femmes se posent en victimes.

Nathan fit quelques pas dans une appréhension qui lui serrait le cœur et l'attristait.

— Ce sera, dit-il après un moment de silence, quelques-unes de ces craintes frivoles, de ces soupçons nuageux que vous mettez au-dessus des plus grandes choses de la vie ? vous avez l'art de faire pencher le monde en y jetant un brin de paille, un fœtus !

— De l'ironie ! dit-elle. Je m'y attendais.

Elle baissa la tête.

— Marie, ne vois-tu pas, mon ange, que j'ai dit ces paroles pour t'arracher ton secret ?

— Mon secret sera toujours un secret même après avoir été confié.

— Eh bien, dis ?...

— Je ne suis pas aimée, reprit-elle en lui jetant ce regard oblique et fin par lequel les femmes interrogent si malicieusement l'homme qu'elles veulent tourmenter.

— Pas aimée ? s'écrie Nathan.

— Oui, vous vous occupez de trop de choses, que suis-je au milieu de ce mouvement ? oubliée à tout propos ; hier, je suis venue au Bois, je vous ai attendu...

— Mais...

— J'avais mis une nouvelle robe pour vous, vous n'êtes pas venu, où étiez-vous ?

— Mais...

— Je ne le savais pas. Je vais chez madame d'Espard, je ne vous y trouve point.

— Mais...

— Le soir, à l'Opéra, mes yeux n'ont pas quitté le balcon ? Chaque fois que la porte s'ou vrait, c'était des palpitations à me briser le cœur.

— Mais...

— Quelle soirée. Vous ne vous doutez pas de ces tempêtes du cœur.

— Mais...

— La vie s'use à ces émotions...

— Mais...

— Hé bien! dit-elle.

— Oui, la vie s'use, dit Nathan, et vous aurez en quelques mois dévoré la mienne. Vos reproches insensés m'arrachent aussi mon secret, dit-il. Ah! vous n'êtes pas aimée! Vous l'êtes trop!

Il peignit vivement sa situation, raconta ses veilles, détailla ses obligations à heure fixe, la nécessité de réussir, les insatiables exigences d'un journal où l'on était tenu de juger, avant tout le monde, les événemens sans se tromper sous peine de perdre son pouvoir, combien d'études rapides sur les questions qui passaient aussi rapidement que des nuages à cette époque dévorante.

Raoul eut tort en un moment. La marquise d'Espard le lui avait dit, rien de plus naïf qu'un premier amour. Il se trouva bientôt que la comtesse était coupable d'aimer trop. Une femme aimante répond à tout avec une jouissance, avec un aveu ou un plaisir.

En voyant se dérouler cette vie immense, la comtesse fut saisie d'admiration. Elle avait fait Nathan très grand, elle le trouva sublime. Elle s'accusa d'aimer trop, le pria de venir à ses heures, elle aplatit ces travaux d'ambitieux par un regard levé vers le ciel. Elle attendrait! Désormais elle sacrifierait ses jouissances. Elle voulait être un marchepied, elle était un obstacle, elle pleura de désespoir.

— Les femmes, dit-elle les larmes aux yeux, ne peuvent donc qu'aimer! Les hommes ont mille moyens d'agir; nous autres, nous ne pouvons que penser, prier, adorer.

Tant d'amour voulait une récompense. Elle regarda, comme un rossignol qui veut descendre de sa branche à une source, si elle était seule dans la solitude, si le silence ne cachait aucun témoignage; puis elle leva la tête vers Raoul, qui pencha la sienne, elle lui laissa prendre un baiser, le premier, le seul qu'elle devait donner en fraude. Elle se sentit plus heureuse en ce moment qu'elle ne l'avait été depuis cinq années. Raoul trouva toutes ses peines payées. Ils marchaient sans trop savoir où, sur le chemin d'Auteuil à Boulogne; ils furent obligés de revenir à leurs voitures en allant de ce pas égal et cadencé que connaissent tous les amans. Raoul avait foi dans ce baiser livré avec la facilité décente que donne la sainteté du sentiment. Tout le mal venait du monde, et non de cette femme si entièrement à lui. Raoul ne regretta plus les tourmens de sa vie enragée que Marie devait oublier au feu de son premier désir, comme toutes les femmes qui ne voient pas à toute heure les terribles débats de ces existences exceptionnelles. En proie à cette admiration reconnaissante qui distingue la passion de la femme, Marie courait d'un pas délibéré, leste, sur le sable fin d'une contre-allée, disant, comme Raoul, peu de paroles, mais senties et portant coup. Le ciel était pur, les gros arbres bourgeonnaient et quelques pointes vertes animaient leurs mille pinceaux bruns. Les arbustes, les bouleaux, les saules, les peupliers, montraient leur premier, leur tendre feuillage encore diaphane. Aucune ame ne résiste à de pareilles harmonies. L'amour expliquait la nature à la comtesse, comme il lui avait expliqué la société.

— Je voudrais que vous n'eussiez jamais aimé que moi! dit-elle.

— Votre vœu est réalisé, répondit Raoul. Nous nous sommes révélé l'un à l'autre le véritable amour.

Il disait vrai. En se posant devant ce jeune cœur en homme pur, Raoul s'était pris à ses phrases panachées de beaux sentimens. D'abord purement spéculatrice et vaniteuse, sa passion était devenue sincère. Il avait commencé par mentir, il finissait par dire vrai. Il y a d'ailleurs chez tout écrivain un sentiment difficilement étouffé qui le porte à l'admiration du beau moral. Enfin à force de faire des sacrifices, un homme s'intéresse à l'être qui les exige. Les femmes du monde, de même que les courtisanes, ont l'instinct de cette vérité; peut-être même la pratiquent-elles sans la connaître. Aussi la comtesse, après son premier élan de reconnaissance et de surprise, fut-elle charmée d'avoir inspiré tant de sacrifices, d'avoir fait surmonter tant de difficultés. Elle était aimée d'un homme digne d'elle. Raoul ignorait à quoi l'engagerait sa fausse grandeur, les femmes ne permettent pas à leur amant de descendre de son piédestal. On ne pardonne pas à un dieu la moindre petitesse. Elle ne savait pas le mot de cette énigme que Raoul avait dit à ses amis au souper chez Véry.

Parti des rangs inférieurs de la société, sa lutte avec les hommes et les choses avait occupé les dix premières années de sa jeunesse, il voulait être aimé par une des reines du beau monde. La vanité, sans laquelle l'amour est bien faible, a dit Champfort, soutenait sa passion et devait l'accroître de jour en jour.

— Vous pouvez me jurer, dit Marie, que vous n'êtes et ne serez jamais à aucune femme.

— Il n'y aurait pas plus de temps dans ma vie pour une autre femme, que de place dans mon cœur.

— Je vous crois, dit-elle.

Ils étaient arrivés dans l'allée où stationnaient les voitures, elle quitta son bras, il prit une attitude respectueuse comme s'il venait de la rencontrer, et l'accompagna chapeau bas jusqu'à sa voiture. Puis il la suivit par l'avenue Charles X en humant la poussière que faisait sa calèche, en regardant ses plumes en saule pleureur que le vent agitait en dehors.

Malgré les nobles renonciations de Marie, Raoul excité par sa passion se trouva partout où elle était. Il adorait l'air à la fois mécontent et heureux que prenait la comtesse pour le gronder sans le pouvoir en lui voyant dissiper ce temps dont il avait tant besoin. Elle prit la direction de ses travaux, elle lui intima des ordres formels sur l'emploi de ses heures, demeura chez elle pour lui ôter tout prétexte de dissipation. Elle lisait tous les matins le journal, et devint le héraut de la gloire d'Émile Lousteau, le feuilletoniste, qu'elle trouvait ravissant, de Félicien Vernou, de Claude Vignon, de tous les rédacteurs. Elle donna le conseil à Raoul de rendre justice à de Marsay quand il mourut, et lut avec ivresse le grand et bel éloge que Raoul fit du ministre mort, tout en blâmant son machiavélisme et sa haine pour les masses. Elle assista naturellement à l'avant-scène du Gymnase, à la première représentation de la pièce sur laquelle Nathan comptait pour soutenir son entreprise et dont le succès parut immense. Elle fut la dupe des applaudissemens à gages.

— Vous n'êtes pas venu dire adieu aux Italiens, demanda lady Dudley, chez laquelle elle se rendit après cette représentation.

— Non, je suis allée au Gymnase. On donnait une première représentation.

— Je ne puis souffrir le vaudeville, je suis

pour cela comme Louis XIV pour les Téniers, dit lady Dudley.

— Moi, répondit madame d'Espard, je trouve qu'ils ont fait des progrès. Les vaudevilles sont aujourd'hui de charmantes comédies, pleines d'esprit, qui demandent beaucoup de talent et je m'y amuse fort.

— Les acteurs sont d'ailleurs excellens, dit Marie. Ceux du Gymnase ont très bien joué ce soir, la pièce leur plaisait, le dialogue est fin, spirituel.

— Comme celui de Beaumarchais, dit lady Dudley.

— Monsieur Nathan n'est point encore Molière, mais.... dit madame d'Espard en regardant la comtesse.

— Il fait des vaudevilles, dit madame de Vandenesse.

— Et défait des ministères, reprit madame de Manerville.

La comtesse garda le silence, elle cherchait à répondre par des épigrammes acérées, elle se sentait le cœur agité par des mouvemens de rage, elle ne trouva rien de mieux que dire :
— Il en fera peut-être.

Toutes les femmes échangèrent un regard de mystérieuse intelligence. Quand madame de Vandenesse partit, Moïna de Saint-Héeren s'écria : — Mais elle adore Nathan !

— Elle ne fait pas de cachotteries, dit madame d'Espard.

Le mois de mai vint: Vandenesse emmena sa femme à sa terre, où elle ne fut consolée que par les lettres passionnées de Raoul, auquel elle écrivit tous les jours.

CHAPITRE VII.

LE SUICIDE.

L'absence de la comtesse aurait pu sauver Raoul du gouffre dans lequel il avait mis le pied, si Florine eût été près de lui; mais il était seul, au milieu d'amis devenus ses ennemis secrets dès qu'il avait manifesté l'intention de les dominer. Ses collaborateurs le haïssaient momentanément, prêts à lui tendre la main et à le consoler en cas de chute, prêts à l'adorer en cas de succès. Ainsi va le monde littéraire. On n'y aime que ses inférieurs ; chacun est l'ennemi de quiconque tend à s'élever. Cette envie générale décuple les chances des gens médiocres, qui n'excitent ni l'envie ni le soupçon, font leur chemin à la manière des taupes, et, quelques sots qu'ils soient, se trouvent casés au *Moniteur* dans trois ou quatre places, au moment où les gens de talent se battent encore à la porte pour s'empêcher d'entrer.

La sourde inimitié de ces prétendus amis, que Florine aurait dépistée avec la science innée des courtisanes pour flairer le vrai dans mille hypothèses, n'était pas le plus grand danger de Raoul. Ses deux associés, Massol l'avocat et du Tillet le banquier, avaient médité d'atteler son ardeur au char dans lequel ils se prélassaient, de l'évincer dès qu'il serait hors d'état de nourrir le journal, ou de le priver de ce grand pouvoir au moment où ils voudraient en user. Pour eux, Nathan représentait une certaine somme à dévorer, une force littéraire de la puissance de dix plumes à employer.

Massol, un de ces avocats qui prennent la faculté de parler indéfiniment pour de l'éloquence, qui possèdent le secret d'ennuyer en disant tout, la peste des assemblées où ils rapetissent toute chose, et qui veulent devenir des personnages à tout prix, ne tenait plus à être garde-des-sceaux ; il en avait vu passer cinq à six en quatre ans, il s'était dégoûté de la simarre. Comme monnaie du porte-feuille, il voulut une chaire dans l'instruction publique, une place au conseil-d'état, le tout assaisonné de la croix de la Légion-d'Honneur. Du Tillet et le baron de Nucingen lui avaient garanti la croix et sa nomination de maître des requêtes s'il entrait dans leurs vues ; il les trouva plus en position de réaliser leurs promesses que Nathan, et il leur obéissait aveuglément. Pour mieux abuser Raoul, ils lui laissaient exercer le pouvoir sans contrôle.

Du Tillet n'usait du journal que dans ses intérêts d'agiotage auxquels Raoul n'entendait rien, mais il avait déjà fait savoir par le baron de Nucingen à Rastignac que la feuille serait tacitement complaisante au pouvoir, sous la seule condition d'appuyer sa candidature en remplacement de monsieur de Nucingen, futur pair de France, et qui avait été élu dans une espèce de bourg pourri, un collége à peu d'électeurs, où le journal fut envoyé gratis à profusion.

Ainsi Raoul était joué par le banquier et par l'avocat, qui le voyaient avec un plaisir infini trônant au journal, y profitant de tous les avantages, percevant tous les fruits d'amour-propre ou autres. Nathan était enchanté d'eux; il les trouvait, comme lors de sa demande de fonds équestres, les meilleurs enfans du monde, il croyait les jouer. Jamais les hommes d'imagination, pour lesquels l'espérance est le fond de la vie, ne veulent se dire qu'en affaires, le moment le plus périlleux est celui où tout va selon leurs souhaits.

Ce fut un moment de triomphe dont Nathan profita d'ailleurs. Il se produisit dans le monde politique et financier. Du Tillet le présenta chez Nucingen. Madame de Nucingen accueillit Raoul à merveille, moins pour lui que pour madame de Vandenesse; mais quand elle lui toucha quelques mots de la comtesse, il crut faire merveille en faisant de Florine un paravent; il s'étendit avec une fatuité généreuse sur ses relations avec l'actrice, impossibles à rompre. Quitte-t-on un bonheur certain pour les coquetteries du faubourg Saint-Germain ?

Nathan, joué par Nucingen et Rastignac, par du Tillet et Blondet, prêta son appui fastueusement aux doctrinaires pour la formation d'un de leurs cabinets éphémères. Puis, pour arriver pur aux affaires, il dédaigna par ostentation de se faire avantager dans quelques entreprises qui se formèrent à l'aide de sa feuille, lui qui ne regardait pas à compromettre ses amis, et à se comporter peu délicatement avec quelques industriels dans certains momens critiques. Ces contrastes, engendrés par sa vanité, par son ambition, se retrouvent dans beaucoup d'existences semblables. Le manteau doit être splendide pour le public, on prend du drap chez ses amis pour en boucher les trous.

Néanmoins, deux mois après le départ de la

comtesse, Raoul eut un certain quart-d'heure de Rabelais qui lui causa quelques inquiétudes au milieu de son triomphe. Du Tillet était en avance de cent mille francs. L'argent donné par Florine, le tiers de la première mise de fonds, avait été dévoré par le fisc, par les frais de premier établissement, qui furent énormes. Il fallait prévoir l'avenir. Le banquier favorisa l'écrivain en prenant pour cinquante mille francs de lettres de change à quatre mois. Du Tillet tenait ainsi Raoul par le licou de la lettre de change. Au moyen de ce supplément, les fonds du journal furent faits pour six mois. Aux yeux de quelques écrivains, six mois sont une éternité. D'ailleurs, à coups d'annonces, à force de voyageurs, en offrant des avantages illusoires aux abonnés, on en avait raccollé deux mille. Ce demi-succès encourageait à jeter des capitaux dans un brasier. Encore un peu de talent, vienne un procès politique, une apparente persécution, et Raoul devenait un de ces condottieri modernes dont l'encre vaut aujourd'hui la poudre à canon d'autrefois.

Malheureusement, cet arrangement était pris quand Florine revint avec environ cinquante mille francs. Au lieu de se créer un fonds de réserve, Raoul, sûr du succès en le voyant nécessaire, humilié déjà d'avoir accepté l'argent de l'actrice, se sentant intérieurement grandi par son amour, ébloui par les captieux éloges de ses courtisans, abusa Florine sur sa position et la força d'employer cette somme à remonter sa maison. Dans les circonstances présentes, une magnifique représentation devenait une nécessité.

L'actrice, qui n'avait pas besoin d'être excitée, s'embarrassa de trente mille francs de dettes, Florine eut une délicieuse maison tout entière à elle, rue Pigale, où revint son ancienne société. La maison d'une fille posée comme Florine était un terrain neutre, très favorable aux ambitieux politiques qui traitaient comme Louis XIV chez les Hollandais, sans Raoul, chez Raoul. Nathan avait réservé à l'actrice pour sa rentrée une pièce dont le principal rôle lui allait admirablement. Ce drame-vaudeville devait être l'adieu de Raoul au théâtre. Les journaux, à qui cette complaisance pour Raoul ne coûtait rien, préméditèrent une telle ovation à Florine, que la comédie-Française parla d'un engagement. Les feuilletons montraient dans Florine l'héritière de mademoiselle Mars.

Ce triomphe étourdit assez l'actrice pour l'empêcher d'étudier le terrain sur lequel marchait Nathan. Elle vécut dans un monde de fêtes et de festins. Reine de cette cour pleine de solliciteurs empressés autour d'elle, qui pour son livre, qui pour sa pièce, qui pour sa danseuse, qui pour son théâtre, qui pour son entreprise, qui pour une réclame; elle se laissait aller à tous les plaisirs du pouvoir de la presse, en y voyant l'aurore du crédit ministériel. A entendre ceux qui vinrent chez elle, Nathan était un grand homme politique. Nathan avait eu raison dans son entreprise, il serait député, certainement ministre quelque temps, comme tant d'autres. Les actrices disent rarement non à ce qui les flatte. Florine avait trop de talent dans le feuilleton pour se défier du journal et de ceux qui le faisaient. Elle connaissait trop peu le mécanisme de la presse pour s'inquiéter des moyens. Les filles de la trempe de Florine ne voient jamais que les résultats.

Quant à Nathan, il crut, dès lors, qu'à la prochaine session il arriverait aux affaires, avec deux anciens journalistes, dont l'un était alors ministre et cherchait à évincer ses collègues pour se consolider.

Après six mois d'absence, Nathan retrouva Florine avec plaisir et retomba nonchalamment dans ses habitudes. La lourde trame de cette vie, il la broda secrètement des plus belles fleurs de sa passion idéale et des plaisirs qu'y semait Florine. Ses lettres à Marie étaient des chefs-d'œuvre d'amour, de grace et de style. Nathan en faisait la lumière de sa vie, il n'entreprenait rien sans consulter ce bon génie. Désolé d'être du côté populaire, il voulait par momens embrasser la cause de l'aristocratie ; mais, malgré son habitude des tours de force, il voyait une impossibilité absolue à sauter de gauche à droite ; il était plus facile de devenir ministre.

Les précieuses lettres de Marie étaient déposées dans un de ces porte-feuilles à secret offerts par Huret ou Fichet, un de ces deux mécaniciens qui se battaient à coups d'annonces et d'affiches dans Paris à qui faisaient les serrures les plus impénétrables et les plus discrètes. Ce porte-feuille restait dans le nouveau boudoir de Florine où travaillait Raoul. Personne n'est plus facile à tromper qu'une femme à qui l'on a l'habitude de tout dire; elle ne se défie de rien, et croit tout voir et tout savoir. D'ailleurs, depuis son retour, l'actrice assistait à la vie de Nathan et n'y trouvait aucune irrégularité. Jamais elle n'eût imaginé que ce porte-feuille, à peine entrevu, serré sans affectation, contînt des trésors d'amour, les lettres d'une rivale que, selon la demande de Raoul, la comtesse adressait au bureau du journal.

La situation de Nathan paraissait donc extrêmement brillante. Il avait beaucoup d'amis.

Deux pièces faites en collaboration et qui venaient de réussir fournissaient à son luxe et lui ôtaient tout souci pour l'avenir. D'ailleurs, il ne s'inquiétait en aucune manière de sa dette envers du Tillet, son ami. Comment se défier d'un ami, disait-il, quand, en certains momens, Blondet se laissait aller à des doutes, entraîné par son habitude de tout analyser ?

— Mais nous n'avons pas besoin de nous méfier de nos ennemis, disait Florine.

Nathan défendait du Tillet. Du Tillet était le meilleur, le plus facile, le plus probe des hommes.

Cette existence de danseur de corde sans balancier eût effrayé tout le monde, même un indifférent, s'il en eût pénétré le mystère ; mais du Tillet la contemplait avec le stoïcisme et l'œil sec d'un parvenu; il y avait dans l'amicale bonhomie de ses procédés avec Nathan d'atroces railleries. Un jour, il lui serrait la main en sortant de chez Florine, et le regardait monter en cabriolet.

— Ça va au bois de Boulogne avec un train magnifique, dit-il à Lousteau, l'envieux par excellence, et ça sera peut-être dans six mois à Clichy.

— Lui, jamais, s'écria Lousteau. Florine est là.

— Qui te dit, mon petit, qu'il la conservera. Quant à toi, qui le vaut mille fois, tu seras sans doute notre rédacteur en chef dans six mois.

En octobre, les lettres de change échurent,

du Tillet les renouvela gracieusement, mais à deux mois, augmentées de l'escompte et d'un nouveau prêt. Sûr de la victoire, Raoul puisait à même les sacs. Madame Félix de Vandenesse devait revenir dans quelques jours, un mois plus tôt que de coutume, ramenée par un désir effréné de voir Nathan, qui ne voulut pas être à la merci d'un besoin d'argent au moment où il reprendrait sa vie militante.

La correspondance, où la plume est toujours plus hardie que la parole, où la pensée revêtue de ses fleurs aborde tout et peut tout dire, avait fait arriver la comtesse au plus haut degré d'exaltation. Elle voyait en Raoul l'un des plus beaux génies de l'époque, un cœur exquis et méconnu, sans souillure et digne d'adoration. Elle le voyait avançant une main hardie sur le festin du pouvoir. Bientôt cette parole si belle en amour tonnerait à la tribune. Elle ne vivait plus que de cette vie à cercles entrelacés comme ceux d'une sphère et au centre desquels est le monde. Elle n'avait plus de goût pour les tranquilles félicités du ménage, elle recevait les agitations de cette vie à tourbillons, communiquées par une plume habile et amoureuse, elle baisait ces lettres écrites au milieu des batailles livrées par la presse, prélevées sur des heures studieuses, elle sentait tout leur prix, elle était sûre d'être aimée uniquement, de n'avoir que la gloire et l'ambition pour rivales ; elle trouvait au fond de sa solitude à employer toutes ses forces, elle était heureuse d'avoir bien choisi. Nathan était un ange. Heureusement sa retraite à sa terre et les barrières qui existaient entre elle et Raoul avaient éteint les médisances du monde.

Durant les derniers jours de l'automne, Marie et Raoul reprirent donc leurs promenades au bois de Boulogne, ils ne pouvaient se voir que là jusqu'au moment où les salons se rouvriraient. Raoul put savourer un peu plus à l'aise les pures, les exquises jouissances de sa vie idéale et la cacher à Florine : il travaillait un peu moins, les choses avaient pris leur train au journal, chaque rédacteur connaissait sa besogne. Il fit involontairement des comparaisons, toutes à l'avantage de l'actrice sans que néanmoins la comtesse y perdît. Brisé de nouveau par les manœuvres auxquelles le condamnait sa passion de cœur et de tête pour une femme du grand monde, Raoul trouva des forces surhumaines pour être à la fois sur trois théâtres : le monde, le journal et les coulisses. Au moment où Florine, qui lui savait gré de tout, qui partageait presque ses travaux et ses inquiétudes, se montrait et disparaissait à propos, lui versait à flots un bonheur réel, sans phrases, sans aucun accompagnement de remords, la comtesse, aux yeux insatiables, au corsage chaste, oubliait ces travaux gigantesques et les peines prises, souvent pour la voir un instant. Au lieu de dominer, Florine se laissait prendre, quitter, reprendre, avec la complaisance d'un chat qui retombe sur ses pattes et secoue ses oreilles. Cette facilité de mœurs concorde admirablement aux allures des hommes de pensée, et tout artiste en eût profité comme le fit Nathan, sans abandonner la poursuite de ce bel amour idéal, de cette splendide passion qui charmait ses instincts de poëte, ses grandeurs secrètes, ses vanités sociales. Convaincu de la catastrophe que suivrait une indiscrétion, il se disait : La comtesse ni Florine ne sauront rien. Elles étaient si loin l'une de l'autre !

A l'entrée de l'hiver, Raoul reparut dans le monde à son apogée : il était presque un personnage. Rastignac, tombé avec le ministère disloqué par la mort de de Marsay, s'appuyait sur Raoul et l'appuyait par ses éloges. Madame de Vandenesse voulut alors savoir si son mari était revenu sur le compte de Nathan. Après une année, elle l'interrogea de nouveau, croyant avoir à prendre une de ces éclatantes revanches qui plaisent à toutes les femmes, même les plus nobles, les moins terrestres ; car on peut gager à coup sûr que les anges ont encore de l'amour-propre en se rangeant autour du Saint des Saints.

— Il ne manquait plus que d'être la dupe des intrigans, répondit le comte.

Félix, à qui l'habitude du monde et de la politique permettait de voir clair, avait pénétré la situation de Raoul. Il expliqua tranquillement à sa femme que la tentative de

Fieschi avait eu pour résultat de rattacher beaucoup de gens tièdes aux intérêts menacés dans la personne du roi Louis-Philippe. Les journaux dont la couleur n'était pas tranchée y perdraient leurs abonnés, car le journalisme allait se simplifier avec la politique. Si Nathan avait mis sa fortune dans son journal, il périrait bientôt. Ce coup-d'œil si juste, si net, quoique succinct et jeté dans l'intention d'approfondir une question sans intérêt, par un homme qui savait calculer les chances de tous les partis, effraya madame de Vandenesse.

— Vous vous intéressez donc bien à lui? demanda Félix à sa femme.

— Comme à un homme dont l'esprit m'amuse, dont la conversation me plaît.

Cette réponse fut faite d'un air si naturel que le comte ne soupçonna rien.

Le lendemain à quatre heures, chez madame d'Espard, Marie et Raoul eurent une longue conversation à voix basse. La comtesse exprima des craintes que Raoul dissipa, trop heureux d'abattre sous des épigrammes la grandeur conjugale de Félix. Nathan avait une revanche à prendre. Il peignit le comte comme un petit esprit, comme un homme arriéré, qui voulait juger la Révolution de Juillet avec la mesure de la Restauration, qui se refusait à voir le triomphe de la classe moyenne, la nouvelle force des sociétés, temporaire ou durable, mais réelle. Il n'y avait plus de grands seigneurs possibles, le règne des véritables supériorités arrivait. Au lieu d'étudier les avis indirects et impartiaux d'un homme interrogé sans passion, Raoul parada, monta sur des échasses, et se drapa dans la pourpre de son succès. Quelle est la femme qui ne croit pas plus à son amant qu'à son mari ?

Madame de Vandenesse rassurée commença donc cette vie d'irritation réprimée, de petites jouissances dérobées, de serremens de main clandestins dont elle avait vécu l'hiver dernier, mais qui finit par entraîner une femme au-delà des bornes, quand l'homme qu'elle aime a quelque résolution et s'impatiente des entraves. Heureusement pour elle, Raoul près de Florine n'était pas dangereux. D'ailleurs il fut saisi par des intérêts qui ne lui permirent pas de profiter de son bonheur. Un malheur soudain arrivé à Nathan, des obstacles renouvelés, une impatience pouvaient précipiter la comtesse dans un abîme. Raoul entrevoyait ces dispositions chez elle, quand vers la fin de décembre du Tillet voulut être payé. Le riche banquier, qui se disait gêné, donna le conseil à Raoul d'emprunter la somme pour quinze jours à un usurier, à Gigonnet, la providence à vingt-cinq pour cent de tous les jeunes gens embarrassés. Dans quelques jours le journal opérait son grand renouvellement de janvier, il y aurait des sommes en caisse, du Tillet verrait. D'ailleurs, pourquoi Nathan ne ferait-il pas une pièce? Par orgueil, Nathan voulut payer à tout prix.

Du Tillet donna une lettre à Raoul pour l'usurier, d'après laquelle Gigonnet lui compta les sommes sur des lettres de change à quinze jours. Au lieu de chercher les raisons d'une semblable facilité, Raoul fut fâché de ne pas avoir demandé davantage. Ainsi se comportent les hommes les plus remarquables par la force de leur pensée. Ils voient matière à plaisanter dans un fait grave, ils semblent réserver leur esprit pour leurs œuvres, et, de peur de l'amoindrir, n'en usent point dans les choses de la vie.

Raoul raconta sa matinée à Florine et à

Blondet ; il leur peignit Gigonnet tout entier, sa cheminée sans feu, son petit papier de Réveillon, son escalier, sa sonnette asthmatique et le pied de biche, son petit paillasson usé, son âtre sans feu comme était son regard. Il les fit rire de ce nouvel oncle. Ils ne s'inquiétèrent ni de du Tillet, qui se disait sans argent, ni d'un usurier si prompt à la détente. Tout cela, caprices !

— Il ne t'a pris que quinze pour cent, dit Blondet, tu lui devais des remercîmens ; à vingt-cinq pour cent on ne les salue plus ; l'usure commence à cinquante pour cent ; alors on les méprise.

— Les mépriser ! dit Florine. Quels sont ceux de vos amis qui vous prêteraient à ce taux sans se poser comme vos bienfaiteurs ?

— Elle a raison, je suis heureux de ne plus rien devoir à du Tillet, disait Raoul.

Pourquoi ce défaut de pénétration dans leurs affaires personnelles chez des hommes habitués à tout pénétrer ? Peut-être l'esprit ne peut-il pas être complet sur tous les points. Peut-être les artistes vivent-ils trop dans le moment présent pour étudier l'avenir. Peut-être observent-ils trop les ridicules pour voir un piége, et croient-ils qu'on n'ose pas les jouer ? L'avenir ne se fit pas attendre.

Quinze jours après, les lettres de change étaient protestées, mais au tribunal de commerce Florine fit demander et obtenir vingt-cinq jours pour payer. Raoul étudia sa position, il demanda des comptes : il en résulta que les recettes du journal couvraient les deux tiers des frais, et que l'abonnement faiblissait. Le grand homme devint inquiet et sombre, mais pour Florine, seulement, à laquelle il se confia. Florine lui conseilla d'emprunter sur des pièces de théâtre à faire, en les vendant en bloc et aliénant les revenus de son répertoire. Nathan trouva par ce moyen vingt-mille francs et réduisit sa dette à quarante mille. Le dix de février les vingt-cinq jours expirèrent.

Du Tillet qui ne voulait pas de Nathan pour concurrent dans le collége électoral où il comptait se présenter, en laissant à l'avocat un autre collége dont le ministère était sûr, fit poursuivre à outrance Raoul par Gigonnet. Un homme écroué pour dettes ne peut pas s'offrir à la candidature. La maison de Clichy allait dévorer le futur ministre.

Florine était elle-même en conversation suivie avec des huissiers, à raison de ses dettes personnelles ; et, dans cette crise, il ne lui restait plus d'autre ressource que le *moi* de Médée. Ses meubles furent saisis.

L'ambitieux entendait de toutes parts les craquemens de la destruction dans son jeune édifice, bâti sans fondemens. Déjà, sans force pour soutenir une si vaste entreprise, il se sentait incapable de la recommencer ; il allait donc périr sous les décombres de sa fantaisie. Son amour pour la comtesse lui donnait encore quelques éclairs de vie. Il animait son masque, mais en dedans l'espérance était morte. Il ne soupçonnait point du Tillet, il ne voyait que l'usurier. Rastignac, Blondet, Lousteau, Vernou, Finot, Massol, se gardaient bien de l'éclairer. Rastignac voulait ressaisir le pouvoir et faire cause commune avec Nucingen et du Tillet. Les autres éprouvaient des jouissances infinies à contempler l'agonie d'un de leurs égaux, coupable d'avoir voulu être leur maître. Aucun d'eux n'aurait voulu dire un mot à Florine. Au contraire on lui vantait Raoul. Nathan avait des épaules à soutenir le monde, il s'en tirerait, tout irait à merveille.

— On a fait deux abonnés hier, disait Blondet d'un air grave, Raoul sera député. Le budget voté, l'ordonnance de dissolution paraîtra.

Nathan poursuivi ne pouvait plus compter sur l'usure. Florine saisie ne pouvait plus compter que sur les hasards d'une passion inspirée à quelque niais qui ne se trouve jamais à propos. Nathan n'avait pour amis que des gens sans argent et sans crédit. Une arrestation tuait ses espérances de fortune politique. Pour comble de malheur, il se voyait engagé dans d'énormes travaux payés d'avance, il n'entrevoyait pas de fond au gouffre de misère où il allait rouler. En présence de tant de menaces, son audace l'abandonna.

La comtesse de Vandenesse s'attacheraitelle à lui ? fuirait-elle au loin ? Les femmes ne sont jamais conduites à cet abîme que par un entier amour, et leur passion ne les avait pas noués l'un à l'autre par les liens mystérieux du bonheur. Mais la comtesse, le suivit-elle à l'étranger, elle viendrait sans fortune, nue et dépouillée, elle serait un embarras de plus.

Un esprit de second ordre, un orgueilleux comme Nathan, devait voir et vit alors dans le suicide l'épée qui trancherait ces nœuds gordiens. L'idée de tomber en face de ce monde où il avait pénétré, qu'il avait voulu dominer, d'y laisser la comtesse triomphante et de redevenir un fantassin crotté, n'était pas supportable. La folie dansait et faisait entendre ses grelots à la porte de son palais fantastique. En cette extrémité, Nathan attendit un hasard et ne voulut se tuer qu'au dernier moment.

Durant les derniers jours employés pour la signification du jugement, par les commandemens et la dénonciation de la contrainte par corps, Raoul porta partout malgré lui cet air froidement sinistre que les observateurs ont pu remarquer chez tous les gens destinés au suicide ou qui le méditent : les idées funèbres qu'ils caressent impriment à leur front des teintes grises et nébuleuses ; leur sourire a je ne sais quoi de fatal, leurs mouvemens sont solennels ; ils paraissent vouloir sucer jusqu'au zeste les fruits dorés de la vie ; leurs regards visent le cœur à tout propos, ils écoutent leur glas dans l'air, ils sont inattentifs.

Ces effrayans symptômes, Marie les aperçut un soir chez lady Dudley. Raoul était resté seul sur un divan, dans le boudoir, tandis que tout le monde causait dans le salon. La comtesse vint à la porte, il ne leva pas la tête, il n'entendit ni le souffle de Marie ni le frissonnement de sa robe de soie ; il regardait une fleur du tapis, les yeux fixes, hébétés de douleur. Il aimait mieux mourir que d'abdiquer. Tout le monde n'a pas le piédestal de Sainte-Hélène. D'ailleurs, le suicide régnait alors à Paris. Ne doit-il pas être le dernier mot des sociétés incrédules ? Raoul venait de se résoudre à mourir. Le désespoir est en raison des espérances, et celui de Raoul n'avait pas d'autre issue que la tombe.

— Qu'as-tu ? lui dit Marie en volant auprès de lui.

— Rien, répondit-il.

Il y a une manière de dire ce mot *rien* entre amans, qui signifie tout le contraire. Marie haussa les épaules.

—Vous êtes un enfant, dit-elle, il vous arrive quelque malheur.

— Non, pas à moi, dit-il. D'ailleurs, vous le saurez toujours trop tôt, Marie, reprit-il affectueusement.

— A quoi pensais-tu quand je suis entrée ? demanda-t-elle d'un air d'autorité.

— Veux-tu savoir la vérité ?

Elle inclina la tête.

— Je songeais à toi, je me disais qu'à ma place bien des hommes auraient voulu être aimés sans réserve ; je le suis, n'est-ce pas ?

— Oui, dit-elle.

— Et, reprit-il en lui pressant la taille et

l'attirant à lui pour la baiser au front au risque d'être surpris, je te laisse pure et sans remords. Je puis t'entraîner dans l'abîme, et tu demeures dans toute ta gloire au bord, sans souillure. Cependant une seule pensée m'importune...

— Laquelle ?

— Tu me mépriseras.

Elle sourit superbement.

— Oui, tu ne croiras jamais avoir été saintement aimée; on me flétrira, je le sais. Les femmes n'imaginent pas que du fond de notre fange nous levions nos yeux vers le ciel pour y adorer sans partage une Marie. Elles mêlent à ce saint amour de tristes questions, elles ne comprennent pas que des hommes de haute intelligence et de vaste poésie puissent dégager leur ame de la jouissance pour la réserver à quelque autel chéri. Cependant, Marie, le culte de l'idéal est plus fervent chez nous que chez vous : nous le trouvons dans la femme qui ne le cherche même pas en nous.

— Pourquoi cet article ? dit-elle railleusement en femme sûre d'elle.

— Je quitte la France, tu apprendras demain pourquoi ; comment, par une lettre que t'apportera mon valet-de-chambre. Adieu, Marie.

Raoul sortit après avoir pressé la comtesse sur son cœur par une horrible étreinte, et la laissa stupide de douleur.

— Qu'avez-vous donc, ma chère ? lui dit la marquise d'Espard en la venant chercher. Que vous a dit monsieur Nathan ? il nous a quittées d'un air mélodramatique. Vous êtes peut-être raisonnable ou déraisonnable, trop ou pas assez raisonnable...

La comtesse prit le bras de madame d'Espard pour rentrer dans le salon, d'où elle partit quelques instans après.

— Elle va peut-être à son premier rendez-vous, dit lady Dudley à la marquise.

— Je vais le savoir, répliqua madame d'Espard en s'en allant et suivant la voiture de la comtesse.

Mais le coupé de madame de Vandenesse prit le chemin du faubourg Saint-Honoré. Quand madame d'Espard rentra chez elle, elle vit la comtesse Félix continuant le faubourg pour gagner le chemin de la rue du Rocher. Marie se coucha sans pouvoir dormir; elle passa la nuit à lire un voyage au pôle-nord sans y rien comprendre. A huit heures et demie, elle reçut une lettre de Raoul et l'ouvrit précipitamment. La lettre commençait par ces mots classiques :

« Ma chère bien-aimée, quand tu tiendras ce papier, je ne serai plus ! »

Elle n'acheva pas ; elle froissa le papier par une contraction nerveuse, sonna sa femme de chambre, mit à la hâte un peignoir, chaussa les premiers souliers venus, s'enveloppa dans un châle, prit un chapeau, puis elle sortit en recommandant à sa femme de chambre de dire au comte qu'elle était allée chez sa sœur, madame du Tillet.

—Où avez-vous laissé votre maître, demanda-t-elle au domestique de Raoul.

— Au bureau du journal.

— Allons-y, dit-elle.

Au grand étonnement de sa maison, elle sortit à pied, avant neuf heures, en proie à une visible folie.

Heureusement pour elle, la femme de chambre alla dire au comte que madame venait de recevoir une lettre de madame du Tillet qui l'avait mise hors d'elle, et venait de courir chez sa sœur, accompagnée du domestique qui avait apporté la lettre. Vandenesse attendit le retour de sa femme pour recevoir des explications.

La comtesse monta dans un fiacre et fut rapidement menée au bureau du journal. A cette heure, les vastes appartemens occupés par le journal dans un vieil hôtel de la rue Feydeau étaient déserts, il ne s'y trouvait qu'un garçon de bureau très étonné de voir une jeune et jolie femme égarée les traverser en courant et lui demander où était monsieur Nathan.

— Il est sans doute chez mademoiselle Florine, répondit-il en prenant la comtesse pour une rivale de l'actrice qui voulait faire une scène de jalousie.

— Où travaille-t-il ici? dit-elle.

— Dans un cabinet dont il emporte la clé.

— Je veux y aller.

Le garçon la conduisit à une petite pièce sombre donnant sur une arrière-cour, et qui jadis était un cabinet de toilette attenant à une grande chambre à coucher dont l'alcôve n'avait même pas été détruite. Ce cabinet était en retour. La comtesse, en ouvrant la fenêtre de la chambre, put voir par celle du cabinet ce qui s'y passait. Nathan râlait assis sur son fauteuil de rédacteur en chef.

— Enfoncez cette porte et taisez-vous, j'achèterai votre silence! dit-elle. Ne voyez-vous pas que monsieur Nathan se meurt!

Le garçon alla chercher à l'imprimerie un châssis en fer avec lequel il put enfoncer la porte. Raoul s'asphyxiait, comme une simple couturière, avec un réchaud de charbon. Il venait d'achever une lettre à Blondet pour le prier de mettre son suicide sur le compte d'une apoplexie foudroyante. La comtesse arrivait à temps : elle fit transporter Raoul dans le fiacre, et ne sachant où lui donner des soins, elle entra dans un hôtel, y prit une chambre et envoya le garçon de bureau chercher un médecin. Raoul fut en quelques heures hors de danger; mais la comtesse ne quitta pas son chevet sans avoir obtenu sa confession générale. Après que l'ambitieux terrassé lui eut versé dans le cœur ces épouvantables élégies de sa douleur, elle revint chez elle, en proie à tous les tourmens, à toutes les idées qui, la veille, assiégeaient le front de Nathan.

— J'arrangerai tout, lui avait-elle dit pour le faire vivre.

— Hé bien, qu'a donc ta sœur? lui demanda Félix. Je te trouve bien changée.

— C'est une horrible histoire sur laquelle je dois garder le plus profond secret, répondit-elle en retrouvant sa force pour affecter le calme.

Afin d'être seule et de penser à son aise,

elle avait été le soir aux Italiens ; puis elle était venue décharger son cœur dans celui de madame du Tillet en lui racontant l'horrible scène de la matinée, lui demandant des conseils et des secours. Ni l'une ni l'autre ne pouvaient savoir alors que du Tillet avait allumé le feu du vulgaire réchaud dont la vue avait épouvanté la comtesse Félix de Vandenesse.

— Il n'a que moi dans le monde, avait dit Marie à sa sœur, et je ne lui manquerai point.

Ce mot contient le secret de toutes les femmes, elles sont héroïques alors qu'elles ont la certitude d'être tout pour un homme grand et irréprochable.

CHAPITRE VIII.

L'AMANT SAUVÉ ET PERDU.

Du Tillet avait entendu parler de la passion plus ou moins probable de sa belle-sœur pour Nathan ; mais il était de ceux qui la niaient ou la jugeaient incompatible avec la liaison de Raoul et de Florine. L'actrice devait chasser la comtesse, et réciproquement. Mais quand, en rentrant chez lui, pendant cette soirée, il y vit sa belle-sœur, dont déjà le visage lui avait annoncé d'amples perturbations aux Italiens, il devina que Raoul avait confié ses embarras à la comtesse : la comtesse l'aimait donc, elle était donc venue demander les sommes dues au vieux Gigonnet. Marie-Eugénie, à qui les secrets de cette pénétration en apparence surnaturelle échappaient, avait montré tant de stupéfaction, que les soupçons de du Tillet se changèrent en certitude. Le banquier crut pouvoir tenir le fil des intrigues de Nathan. Personne ne savait ce malheureux au lit, rue du Mail, dans un hôtel garni, sous le nom du garçon de bureau à qui la comtesse avait promis cinq cents francs s'il gardait le secret sur les événemens de la nuit et de la matinée. Aussi François Quillet avait-il eu le soin de dire à la portière que Nathan s'était trouvé mal par suite d'un travail excessif. Du Tillet ne fut pas étonné de ne point voir Nathan. Il était naturel que le journaliste se cachât pour éviter les gens chargés de l'arrêter

Quand les espions vinrent prendre des renseignemens, ils apprirent que le matin une dame était venue enlever le rédacteur en chef. Il se passa deux jours avant qu'ils eussent découvert le numéro du fiacre, questionné le cocher, reconnu, sondé l'hôtel où était le débiteur. Ainsi les sages mesures prises par Marie avaient fait obtenir à Nathan un sursis de trois jours.

Chacune des deux sœurs passa donc une cruelle nuit. Une catastrophe semblable jette la lueur de son charbon sur toute la vie, elle en éclaire les bas-fonds, les écueils, plus que les sommets, qui jusqu'alors ont occupé le regard. Frappée de l'horrible spectacle d'un jeune homme mourant dans son fauteuil, devant son journal, écrivant à la romaine ses dernières pensées, la pauvre madame du Tillet ne pouvait penser qu'à lui porter secours, à rendre la vie à cette ame par laquelle vivait sa sœur.

Il est dans la nature de notre esprit de regarder aux effets avant d'analyser les causes. Elle approuva de nouveau l'idée qu'elle avait eue de s'adresser à la baronne Delphine de Nucingen, chez laquelle elle dînait, et ne douta pas du succès. Généreuse comme toutes les personnes qui n'ont pas été pressées dans les rouages en acier poli de la société moderne, madame du Tillet résolut de prendre tout sur elle.

De son côté, la comtesse, heureuse d'avoir déjà sauvé la vie de Nathan, employa sa nuit à inventer des stratagèmes pour se procurer quarante mille francs. Dans ces crises, les femmes sont sublimes. Conduites par le sentiment, elles arrivent à des combinaisons qui surprendraient les voleurs, les gens d'affaires et les usuriers, si ces trois classes d'industriels, plus ou moins patentés, s'étonnaient de quelque chose.

La comtesse vendait ses diamans en songeant à en porter de faux. Elle se décidait à demander la somme à Vandenesse pour sa sœur déjà mise en jeu par elle. Mais elle avait trop de noblesse pour ne pas reculer devant les moyens déshonorans, elle les concevait et les repoussait. L'argent de Vandenesse à Nathan! Elle bondissait dans son lit effrayée de sa scélératesse. Faire monter de faux diamans? son mari finirait par s'en apercevoir. Elle voulait aller demander la somme aux Rotschild qui avaient tant d'or, à l'archevêque de Paris qui devait secourir les pauvres, courant ainsi d'une religion à l'autre, implorant tout. Elle déplora de se voir en dehors du gouvernement; jadis elle aurait trouvé son argent à emprunter aux environs du trône. Elle pensait à recourir à son père, mais l'ancien magistrat avait en horreur les illégalités ; ses enfans avaient fini par savoir combien peu il sympathisait avec les malheurs de l'amour; il ne voulait point en entendre parler, il était devenu misanthrope, il avait toute intrigue en horreur. Quant à la comtesse de Grandville, elle vivait retirée en Normandie dans une de ses terres, économisant et priant, achevant ses jours entre des prêtres et des sacs d'écus, froide jusqu'au dernier moment. Quand Marie aurait eu le temps d'arriver à Bayeux, sa mère lui donnerait-elle autant d'argent sans savoir quel en serait l'usage? Supposer des dettes? Oui, peut-être se laisserait-elle attendrir par sa favorite. Eh bien! en cas d'insuccès, la comtesse irait donc en Normandie, son père ne refuserait pas de lui fournir un prétexte de voyage en lui donnant le faux avis d'une grave maladie survenue à sa femme.

Le désolant spectacle qui l'avait épouvanté le matin, les soins prodigués à Nathan, les heures passées au chevet de son lit, ces narrations entrecoupées, cette agonie d'un grand esprit, ce vol du génie arrêté par un vulgaire, par un ignoble obstacle, tout lui revint en mémoire pour stimuler son amour. Elle repassa ses émotions et se sentit encore plus éprise par les misères que par les grandeurs. Aurait-elle baisé ce front couronné par le succès ? Non. Elle trouvait une noblesse infinie aux dernières paroles que Nathan lui avait dites dans le boudoir de lady Dudley. Quelle sainteté dans cet adieu! Quelle noblesse dans l'immolation d'un bonheur qui serait devenu son tourment à elle! La comtesse avait souhaité des émotions dans sa vie, elles abondaient terribles, cruelles, mais aimées. Elle vivait plus par la douleur que par le plaisir. Avec quelles délices elle se disait : Je l'ai déjà sauvé, je vais le sauver encore! Elle l'entendait s'écriant : Il n'y a que les malheureux qui savent jusqu'où va l'amour! quand il avait senti les lèvres de sa Marie posées sur son front.

— Es-tu malade ? lui dit son mari, qui vint dans sa chambre la chercher pour le déjeûner.

— Je suis horriblement tourmentée du drame qui se joue chez ma sœur, dit-elle sans faire de mensonge.

— Elle est tombée en de bien mauvaises mains, c'est une honte pour une famille que d'y avoir un du Tillet, un homme sans noblesse; s'il arrivait quelque désastre à votre sœur, elle ne trouverait guère de pitié chez lui.

— Quelle est la femme qui s'accommode de la pitié ? dit la comtesse en faisant un mouvement convulsif. Impitoyable, votre rigueur est une grace pour nous.

— Ce n'est pas d'aujourd'hui que je vous sais noble de cœur, dit Félix en baisant la main de sa femme et tout ému de cette fierté. Une femme qui pense ainsi n'a pas besoin d'être gardée.

— Gardée? reprit-elle. Autre honte qui retombe sur vous.

Félix sourit, mais Marie rougissait. Quand une femme est secrètement en faute, elle montre ostensiblement l'orgueil féminin au plus haut point. C'est une dissimulation d'esprit dont il faut leur savoir gré. La tromperie est alors pleine de dignité, sinon de grandeur.

Elle écrivit deux lignes à Nathan sous le nom de monsieur Quillet, pour lui dire que tout allait bien, et les envoya par un commissionnaire à l'hôtel du Mail.

Le soir, à l'Opéra, la comtesse eut les bénéfices de ses mensonges, car son mari trouva très naturel qu'elle quittât sa loge pour aller voir sa sœur. Félix attendit pour lui donner le bras que du Tillet eût laissé sa femme seule. De quelles émotions elle fut agitée en traversant le corridor, en entrant dans la loge de sa sœur et s'y posant d'un front calme et serein devant le monde étonné de les voir ensemble.

— Hé bien ? lui dit-elle.

Le visage de Marie-Eugénie était une réponse ; il y éclatait une joie naïve que bien des personnes attribuèrent à une vaniteuse satisfaction.

— Il sera sauvé, ma chère, mais pour trois mois seulement, pendant lesquels nous aviserons à le secourir plus efficacement. Madame de Nucingen veut quatre lettres de change de chacune dix mille francs, signées de n'importe qui pour ne pas te compromettre. Elle m'a expliqué comment elles devaient être faites ; je n'y ai rien compris, mais monsieur Nathan te les préparera. J'ai seulement pensé que Schmuke, notre vieux maître, peut nous être très utile en cette circonstance ; il les signerait. En joignant à ces quatre valeurs une lettre par laquelle tu garantirais leur paiement à madame de Nucingen, elle te remettra demain l'argent. Fais tout par toi-même, ne te fie à personne. J'ai pensé que Schmuke n'aurait aucune objection à t'opposer. Pour dérouter les soupçons, j'ai dit que tu voulais obliger notre ancien maître de musique, un Allemand dans le malheur. J'ai donc pu demander le plus profond secret.

— Tu as eu de l'esprit comme un ange ! Pourvu que la baronne de Nucingen n'en cause qu'après avoir donné l'argent ! dit la comtesse en levant les yeux comme pour implorer Dieu, quoiqu'à l'Opéra.

— Schmuke demeure dans la petite rue de Nevers, sur le quai Conti, ne l'oublie pas, vas-y toi-même.

— Merci, dit la comtesse en serrant la main de sa sœur. Ah! je donnerais dix ans de ma vie...

— De ta vieillesse...

—Pour faire cesser ces angoisses, dit la comtesse en souriant de l'interruption.

Toutes les personnes qui lorgnaient en ce moment les deux sœurs pouvaient les croire occupées de frivolités en admirant leurs rires ingénus ; mais un de ces oisifs qui viennent à l'Opéra plus pour espionner les toilettes et les figures que par plaisir, aurait pu deviner le secret de la comtesse en remarquant la violente sensation qui éteignit la joie de ces deux charmantes physionomies. Raoul, qui pendant la nuit ne craignait plus les recors, pâle et blême, l'œil inquiet, le front attristé, parut sur la marche de l'escalier où il se posait habituellement. Il chercha la comtesse dans sa loge, la trouva vide et se prit alors le front dans ses mains en s'appuyant le coude à la ceinture.

— Peut-elle être à l'Opéra ! pensa-t-il.

—Regarde-nous donc, pauvre grand homme, dit à voix basse madame du Tillet.

Quant à Marie, au risque de se compromettre, elle attacha sur lui ce regard violent et fixe par lequel la volonté jaillit de l'œil, comme du soleil jaillissent les ondes lumineuses, et pénètre, selon quelques magnétiseurs, la personne sur laquelle il est dirigé. Raoul sembla frappé par une baguette magique, il leva la tête, et son œil rencontra soudain les yeux des deux sœurs. Avec cet adorable esprit qui n'abandonne jamais les femmes, madame de Vandenesse saisit une croix qui jouait sur sa gorge et la lui montra par un sourire rapide et significatif. Le bijou rayonna jusque sur le front de Raoul, qui répondit par une expression joyeuse.

Nathan avait compris.

— N'est-ce donc rien, Eugénie, dit la comtesse à sa sœur, que de rendre ainsi la vie aux morts?

— Tu peux entrer dans la Société des Naufrages, répondit Eugénie en souriant.

— Comme il est venu triste, abattu, comme il s'en ira content!

— Hé bien, comment vas-tu, mon cher? dit du Tillet en serrant la main à Raoul et l'abordant avec tous les symptômes de l'amitié.

— Mais comme un homme qui vient de recevoir les meilleurs renseignemens sur les élections. Je serai nommé, répondit le radieux Raoul.

— Ravi, répliqua du Tillet. Il va nous falloir de l'argent pour le journal.

— Nous en trouverons, dit Raoul.

— Les femmes ont le diable pour elles, dit du Tillet sans se laisser prendre encore aux paroles de Raoul qu'il avait nommé Charnathan.

— A quel propos? dit Raoul.

— Ma belle-sœur est chez ma femme, dit le banquier, il y a quelque intrigue sous jeu. Tu me parais adoré de la comtesse, elle te salue à travers toute la salle.

— Vois, dit madame du Tillet à sa sœur, on nous dit fausses! Mon mari caline monsieur Nathan, et c'est lui qui veut le faire mettre en prison.

— Et les hommes nous accusent! s'écria la comtesse, je l'éclairerai.

Elle se leva, reprit le bras de Vandenesse, qui l'attendait dans le corridor, et revint radieuse dans sa loge.

La comtesse quitta l'Opéra sur-le-champ et commanda sa voiture pour le lendemain avant huit heures.

FIN DU TOME PREMIER.

TABLE
DU PREMIER VOLUME.

—

Préface. . . . . Pages 5
Chap. I. Les Deux Marie. 51
  —   II. Confidences de deux sœurs. . . . 83
  — III. Histoire d'une femme heureuse. . 103
  —   IV. Un homme célèbre. 131
  —   V. Florine. 177
  —   VI. L'Amour aux prises avec le monde. 217
  — VII. Le Suicide. 271
  — VIII. L'Amant sauvé et perdu. . . . 345

www.ingramcontent.com/pod-product-compliance
Lightning Source LLC
Chambersburg PA
CBHW060641170426
43199CB00012B/1629